小学館文庫

ぼくの出会ったアラスカ

写真・文　星野道夫

小学館

目次

●本書は、星野道夫が撮影した写真と、一九八五年〜一九九七年に発表したエッセイにより構成した。
●エッセイの出典は巻末に記した。

アラスカとの出会い 6

第一章 春
大地の温もり 16
生命のめぐりあい 22
クジラと共に生きる若きエスキモー 38

第二章 夏
白夜の陽光 56
約束の川 68

第三章 原始の森・豊饒の海 96
ある親子の再生 100
クリンギット族の寡黙な墓守 116

第四章 秋 黄葉の調べ 132
タクシードライバー 140

第五章 冬 氷雪の世界 166
新しい人々 180

早春のフェアバンクスにて想う 星野直子 206

関連地図 204
アラスカ人物群像 212

ぼくがアラスカに
惹かれ続けるのは、
自然だけではなく、
この土地に生きる
人々がいるから。

いつもそこに、
自然と向きあい、
今日を生きる
人々の暮らしが
あったからです。

アラスカとの出会い

A Picture of Shishmaref Village

ブッシュパイロットのドン・ロスから電話が入った。

「今、ナショナル・ジオグラフィック・マガジンからカメラマンが来ているんだ。これから北極圏にカリブーの季節移動を撮りにいくらしい。おまえに情報を聞きたがっているんだ。ちょっとホテルに会いにいってくれないか……名前はジョージ・モーブリイだ」

ナショナル・ジオグラフィック・マガジンは、自然、地理、民族、歴史を扱う、アメリカで最も権威のある雑誌である。カメラマンなら、誰もが憧《あこが》れる雑誌かもしれない。そこのスタッフ・フォトグラファーか。きっと、世界を駆け回っているんだろうな……そんなことを考えながら、車でダウンタウンのホテルへ向かう途中、ジョージ・モーブリイという名前が、突然、記憶の鐘を小さくたたき始めた。まさか……でも、たしかにそんな名前だった。

車をUターンさせ、家に戻り、本棚から一冊の写真集を引き出した。そのページを見つけるのに時間はかからなかった。懐かしい写真のわきに、小さくジョージ・モーブリイと書かれている。まさかこんなかたちで会うことになろうとは……。

十代の頃、北海道の自然に強く魅《ひ》かれていた。その当時読んださまざまな本の影響があったのだろう。北方への憧れは、いつしか遠いアラスカへと移っていった。だが、現実には何の手がかりもなく、気持ちがつのるだけであった。二十年以上も前、アラスカに関する本など日本では皆無だったのだ。

ある日、東京、神田の古本屋街の洋書専門店で、一冊のアラスカの写真集を見つけた。たくさんの洋書が並ぶ棚で、どうしてその本に目が止められたのだろう。まるでぼくがやってくるのを待っていたかのように、目の前にあったのである。それからは、学校へ行く時も、どこへ出かける時も、カバンの中にその写真集が入っていた。手垢《てあか》にまみれるほど本を読むとはああいうことをいうのだろう。もっともぼくの場合は、ひたすら写真を見ていただけなのだが。

その中に、どうしても気になる一枚の写真があった。よほど好きだったのだろう。その本を手にするたび、どうしてもそのページを開かないと気がすまないのだ。それは、北極圏のあるエスキモーの村を空から撮った写真だった。灰色のベーリング海、どんよりと沈む空、雲間からすだれのように射《さ》し込む太陽、ポツンと点のようにたたずむエスキモーの集落……はじめは、その写真のもつ光の不思議さにひきつけられたのだ

切り立った山々。深々と雪をかぶった氷河源流の広大な雪原。

ろう。そのうちに、ぼくはだんだんその村が気にかかり始めていった。

なぜ、こんな地の果てのような場所に人が暮らさなければならないのだろう。それは、実に荒涼とした風景だった。人影はないが、ひとつひとつの家の形がはっきりと見える。いったいどんな人々が、何を考えて生きているのだろう。

昔、電車から夕暮れの町をぼんやり眺めているとき、開けはなたれた家の窓から、夕食の時間なのか、ふっと家族の団欒《だんらん》が目に入ることがあった。そんなとき、窓の明かりが過ぎ去ってゆくまで見つめたものだった。そして胸が締めつけられるような思いがこみ上げてくるのである。あれはいったい何だったのだろう。見知らぬ人々が、ぼくの知らない人生を送っている不思議さだったのかもしれない。同じ時代を生きながら、その人々と決して出会えない悲しさだったのかもしれない。

その集落の写真を見たときの気持ちは、それに似ていた。が、ぼくはどうしても、その人々と出会いたいと思ったのである。

写真のキャプションに、村の名前が書かれていた。シシュマレフ村……この村に手紙を出してみよう。でも誰に？　住所は？　辞書を開くと、村長にあたる英語が見つかった。住所は、村の名前にアラスカとアメリカを付け加えるしか方法がない。

〃あなたの村の写真を本で見ました。たずねてみたいと思っています。何でもします

たき火はひとりでいるときの最良の友だ。

ので、誰かぼくを世話してくれる人はいないでしょうか……〟

返事は来なかった。当然だった。宛名《あてな》も住所も不確かなのだから。たとえ届いたとしても、会ったこともない人間を世話してくれる者などいるはずがない。ぼくは、手紙を出したことも忘れていった。ところが、半年もたったある日、学校から帰ると、一通の外国郵便が届いていた。シシュマレフ村のある家族からの手紙だった。

〝……手紙を受け取りました。あなたが家に来ること、妻と相談しました……夏はトナカイ狩りの季節です。人手も必要です。……いつでも来なさい……〟

約半年の準備をへて、ぼくはアラスカに向かった。いくつもの小さな飛行機を乗り換え、ベーリング海に浮かぶ集落が見えてくると、本で見続けた写真と現実がオーバーラップし、ぼくはどうしていいかわからない思いで窓ガラスに顔を押しつけていた。

この村で過ごした三カ月は、強烈な体験としてぼくの中に沈殿していった。初めてのクマ、アザラシ猟、トナカイ狩り、太陽が沈まぬ白夜、さまざまな村人との出会い……そして、空撮の写真から見おろしていた村に、今、自分が立っていること。この旅を通し、ぼくは、人の暮らしの多様性に魅かれていった。十九歳の夏だった。

その後、写真という仕事を選び、さまざまな夢を抱いて、七年ぶりにアラスカに戻ってきた。今度は短い旅ではない。三年、いや、五年ぐらいの旅になるだろうと思った。時間は矢のように過ぎていった。

アラスカ山脈を横切るブルックス山脈の、未踏の山や谷を歩いた。グレイシャーベイをカヤックで旅しながら、氷河のきしむ音を聞いた。エスキモーの人々とウミアックを漕ぎ、北極海にセミクジラを追った。カリブーの季節移動に魅かれ、その旅を追い続けた。クマの一年の生活を記録した。数え切れないほどのオーロラを見上げた。オオカミに出合った。さまざまな人の暮らしを知った……いつのまにか十四年が過ぎていた。それどころか、ぼくは家を建て、この土地に根をおろそうとしている。

あの時、神田の古本屋であの本を手にしていなかったら、ぼくはアラスカに来なかっただろうか。いや、そんなことはない。それに、もし人生を、あの時、あの時……とたどっていったなら、合わせ鏡に映った自分の姿を見るように、限りなく無数の偶然が続いてゆくだけである。

しかし、たしかにぼくはあの写真を見て、シシュマレフという村に行った。それからは、まるで新しい地図が描かれるように、自分の人生が動いていったのも事実である。つまり、その写真を撮ったのが、ジョージ・モーブリイだった。

ホテルに着き、部屋を見つけ、ドアをノックした。どんな気持ちでぼくが会いにきたのかも知らず、彼は白い髭《ひげ》の中に笑みをたたえて出迎えてくれた。

しばらくカリブーの話をした後、ぼくは古い写真集をとりだし、これまでのいきさつを彼に話し始めていた。ジョージはじっとぼくを見つめながら、耳を傾けてくれた。それがうれしかった。

「そうか……私の写真が君の人生を変えてしまったんだね……」

「いや、そういうわけではないんですが……大きなきっかけとなりました」

「で、後悔しているかい?」

初老に入ろうとするジョージの目の奥が、優しく笑っていた。

人生はからくりに満ちている。日々の暮らしの中で、無数の人々とすれ違いながら、私たちは出会うことがない。その根源的な悲しみは、言いかえれば、人と人とが出会う限りない不思議さに通じている。

カリブーの旅を追った。オーローラを見上げた。人の暮らしを知った……。

数の氷塊となって動き始めた。

第一章

春

Spring

大地の温もり

Warmth of the Earth

冬の眠りから覚めたユーコン川。半年の間原野に凍りついていた大河は、無

春を告げる音

Break up of Ice

四月、半年の間凍りついていた大地を太陽がどんどん溶かし、春は駆け足で近づいてくる。人々は、日々の暮らしの中で、それぞれの春の訪れを思う。

毎日の天気予報の最後に付け加えられる、今日の日照時間。昨日に比べてどれだけ延びたのか。わかっているのに、毎日そのアナウンスに耳を傾け、ホッとする。冬至の翌日から始まる、人々の冬の楽しみのひとつなのだ。アラスカの冬を越す大変さは、その寒さではなく、あまりにも短い日照時間である。だからこそ、延びてゆく日の長さを知り、一日一日春をたぐりよせる実感をもつ。

アラスカ北極圏の原野で、エスキモーの友人と、冬眠から覚めるクマを待った春のこと。その日も、巣穴近くでゴロゴロ過ごしていたぼくたちは、いつのまにか雪の上で寝てしまった。何とものんきな話である。ざらめ雪の冷たささえ心地よい、早春の暖かい午後だった。一時間もたったろうか。ふと目覚めると、雪面から、黒い二つの耳がのぞいている。あれっ、と思う間もなく続いてまた二つの耳が現れた。親子グマだった。一頭が、伸びをするようにあたりを見回すと、ゆっくりとはいあがってくる。何日もこの瞬間を待っていたのに、いざ現実となると、ぼくはびっくりしてしまった。それにしても、これほど春の訪れを告げる風景を見たことがない。

アラスカにいつ春が来るのかを賭けるお祭りがある。半年の間凍りついていた川が、いつ動きだすのかを、アラスカ中で賭けるのだ。凍結した川の中央部に立てられた大きな三脚からロープをひき、その先を川岸の時計につなぐ。春、川の氷が動きだすと、そのロープがひっぱられ、時計が止まるしかけなのだ。ブレイクアップ（川開き）の瞬間は、実に見事だ。何の前ぶれもなく、冬の間眠り続けていた川が、ボーンという音と共に無数の巨大な氷塊と化し、いっせいに動きだす。つまり、その春を告げる音が、何月何日何時何分何秒に聞こえるのかを、アラスカ中で賭けるのだ。一番近かった者が全額もらえる一人一〇ドルのささやかなギャンブルとはいえ、当たればでかい、アラスカの壮大な賭けである。人々はそれほど春が待ち遠しい。

暖かい春の光を浴びながら歩くグリズリーの親子。長い冬が終わった。

生命のめぐりあい

Camp Denali

キース・ジョーンズ一家

Family of Keith Jones

早春の柔らかな陽差《ひざ》しを浴び、マッキンレー国立公園のガタガタ道を白いほこりを舞い上げながら走っていた。

テクラニカ川、イーストフォーク川、トクラット川……氷河を源とするいくつもの川を渡り、目の眩《くら》むようなポリクローム峠を越え、道はマッキンレー山に向かってずっと続いている。たっぷりと残雪に覆《おお》われた六月の山々……やせこけたオオカミがさまよっていた。まだ冬羽を残したライチョウが道端のトウヒの枝に止まっていた。そういえば、数日前、初めてクマの交尾を見た。春浅いマッキンレーの自然も、少しずつ動き始めていた。谷あいに、ワンダー湖が見えてくると、入り口から一一〇キロも続いた道もそろそろ終わりである。ここは国立公園の最も奥になり、マッキンレー山はその全容を目の前に見せてくる。最後のレインジャー小屋を越せば、国立公園の境界線も近い。道はそれから少し続き、そこにキャンプ・デナリという古いロッジがある。ぼくは友人のジニー・ウッドに会うため、そのロッジに向かっていた。

前方に男女の二人連れが歩いていた。ほこりを立てぬよう、スピードを落としながら追い越してゆく。後ろから自分の名前を呼ばれたような気がした。いったい誰なのだろう。ブレーキをかけ、走ってくる二人をサイドミラーに見つめていた。

「キース、キースじゃないか」

ぼくは信じられぬ思いで車から飛び降り、五年ぶりに会うキース・ジョーンズと抱き合っていた。続いてその見知らぬ美しい女性と抱き合いながら、いったい誰だかわからない。相手はぼくを知っているらしいし、抱き合っている間に思い出さなければと、何だかだんだん気まずくなってきた。

「あれ、もしかしたら、ウイローかい!?」

自分の目を疑っていた。あんなに小さかったキースの娘が、いつのまにか一人前の女性になっている。あの頃小学生だったウイローは、もう十七になっていたのだ。それにしてもこんなところで再会するとは！

キース・ジョーンズ一家は、かつて、西部北極圏を流れるコバック川流域に、伝統的なエスキモーの狩猟生活を受け継ぎながら暮らしていた。同じ流域で、やはり原野の暮らしをしていたハウイ・キャントナー一家と共に、この二つの白人の家族ほど、その土地のエスキモーに慕われ、尊敬された人々はいなかっただろう。コバック川流域はエスキモーの世界だったのだ。彼らの生活が急速に近代化してゆく中で、この家族は、時代を逆行するように古いエスキモーの暮らしを続けていたのである。

キースが奥さんのアノアと共に原野の暮らしに入ったのは一九六〇年初め。それからずっと狩猟だけで生きる暮らしが始まっていった。子どもができなかった二人は、やがてエスキモーの赤ん坊を養子にもらい、アルーニャと名づける。しかし、それからすぐにアノアは身籠《みごも》り、土で作ったイグルーの家の中で生まれたのがウイローだっ

冬眠から目覚めたホッキョクジリス。

カリブーの子ども。荒涼とした大地でも生命は着実に息づいている。

た。ぼくは一九八〇年代の初めからこの土地を旅し始め、キースやハウイの家族と出会っていった。そこはカリブーが秋の季節移動で通ってゆく土地だった。ぼくにとってのアラスカは、これらの家族を中心に広がる人々の輪の中にあった。彼らはぼくの知らなかった暮らし、価値観に生きる人々だった。物質的な世界からかけ離れ、これだけ自由に、これだけ豊かに生きている人間がいる。彼らとの出会いは、ぼくに人が生きてゆく多様性について考える機会を与えてくれた。

アラスカには、この百年の間に二種類の人々がやって来た。ひとつは、教育者、宣教師、生物学者、金鉱師……彼らは多くの場合、自分がいたところと同じ生活様式、価値観をそのままこの土地に持ってきた。もうひとつは、この土地にすでにあった生活様式、価値観に学び、そのまま、引き継いでゆこうとする人たちだった。前者がアラスカの表面に出てくるのに比べ、後者の人々はほとんど知られることはない。キース・ジョーンズ一家も、ハウイ・キャントナー一家も、その後者に属する人々だった。

しかし、五年前、三十年近く続いた北極の原野の暮らしから、キース・ジョーンズ一家はカリフォルニアの山の中に生活を移していた。成長したウイローとエスキモーのアルーニャに新しい世界を見せるためだった。二人とも、エスキモーの世界だけで育った子どもたちなのだ。それからぼくたちはずっと会っていなかった。

美しく成長した17歳のウイロー。

そして、ハウイ・キャントナー一家も、北極の原野からハワイ島に移っていくことになる。母親が脳腫瘍《のうしゆよう》の手術を受け、寒い土地で暮らすことができなくなったからだ。数年前、ハワイ島に家族を訪ねたが、狩猟民が農民に変わっただけで、彼らのシンプルな暮らしは何も変わってはいない。

けれども、キースやハウイがアラスカを離れてしまったことに一抹の寂しさもあった。そして今、ウイローが一人でこの土地に戻ってきた。彼女は、これから自分が向かうキャンプ・デナリのロッジで働いていたのだった。マッキンレー山の麓《ふもと》に建つその小さなロッジは、アラスカの女性ブッシュパイロットのパイオニア、若き日のジニー・ウッドとシリア・ハンターが建てた山小屋である。その山小屋は、また、黎明《れいめい》のアラスカで、さまざまな人々が出会った歴史的な場所だった。ぼくはウイローがそこで働いていることがうれしかった。キャンプ・デナリは、シリアやジニーの精神を受け継いだ人々が働く素晴らしい場所だったからだ。キースは娘のウイローを訪ねて久しぶりにアラスカに帰ってきたというわけである。

早春のツンドラに寝転びながら、ウイローはこんなエピソードを話してくれた。

「ロッジの近くを時々カリブーの群れが通り過ぎてゆくでしょう。観光客の人々が何て美しいのでしょうと見ている時、私はどうしても銃に弾を込めて撃ちたくなってしまうの。だって、秋のカリブーは本当においしそうなんだから……それを言うと、みんなが目を丸くして黙ってしまうの」

美しい白人の女性に成長した十七歳のウイローは、ある意味で精神的にはエスキモーだった。生まれた時から、ずっと狩猟生活で育ったのだから。

カリフォルニアから帰ってきたウイローは、もうアラスカが自分の生きてゆく土地だときっぱり言った。この五年の間に、彼女は初めての水を一気に飲み干すように新しい体験をしてきた。しかしウイローは、物質的な富を求め、テレビに浸り、本当の世界に触れようとしない多くの人々が理解できなかったという。そしてアラスカに戻り、空港の人込みの中にエスキモーの老人を見かけた時、ウイローはわきあがる感情を抑えられなかったという。自分はここに属しているのだと……しかし、その想《おも》いは、彼女がアラスカを離れなければわからなかった。ウイローはアラスカという土地に息づく、ある懐《なつ》かしい流れを受け継いでゆくだろう。

ひとつの家族の時代が終わり、新しい時代が始まろうとする瞬間がある。

マッキンレー山が夕陽に染まり始めていた。ぼくはキースとウイローを車に乗せ、ジニー・ウッドが待つキャンプ・デナリへと向かった。

雪が解けた大地。土の匂い、花の香り。

アラスカの州花、ワスレナグサ。

ホッキョクギツネの子ども。

この森に自分のベースをつくり、アラスカに根をおろしていこう。

クジラと共に生きる若きエスキモー

A Young Eskimo, Great Hunter of Whale

エイモス
Amos

眼下に広がるベーリング海はまだびっしりと氷におおわれている。ぼくは窓ガラスに額をつけ、リードを見つけるたびに目をこらしてクジラの姿を探していた。

四、五月になると、氷結したベーリング海に風と潮流の力によって亀裂《きれつ》が入り始める。そうやって現れた小さな海をリードと呼ぶ。この時期、ベーリング海を通って北極海へと向かうホッキョククセミクジラは、呼吸をするためにリードに沿って旅をしてゆく。エスキモーの人々は村の近くに現れたこの氷海でクジラを待つ。六月になってもクジラはやってくるが、その頃にはリードは氷と共に消え、ただ大海原が広がるだけ。エスキモーのクジラ漁はリードという自然から与えられたつかの間の小さな海があるからこそ成り立つ。人々はただ自然に生かされているのである。

ポイントホープの村が近づいてきた。十数年前、ぼくはこの村の人々と共に伝統的なクジラ漁に出かけた。アザラシの皮で作ったウミアックを漕《こ》いでクジラを追い、氷

エイモスは、よき父親であり、優秀なハンターでもある。

上に引き上げられたクジラのまわりに集まって祈りをささげ、解体が終わった後に残された大きなあご骨を海に返しながら〝来年もまた戻ってこいよ〟と叫ぶ村人たち……。それは、〝自然と人間との関わり〟を考えさせられる強烈な体験だった。

十数年ぶりに会うポイントホープ村の懐《なつ》かしい人々……。その中でも同世代のエイモスとの再会は楽しみだった。もう六人の子どもの父親だと聞いているが、あの頃の精悍《せいかん》な面影はまだ残っているだろうか。そして何ともかわいらしかった奥さんのデラ。次の時代を担《にな》うあの若者たちが今どんなふうに生きているのか知りたかった。

アザラシを解体する。

ケープスマイス（アラスカ北極圏を飛ぶ小さな飛行機会社）の十五人乗りの飛行機が村はずれの滑走路に着陸すると、真っ黒に日焼けしたエイモスと赤ん坊を背負ったデラが出迎えてくれた。私たちは互いにまじまじと顔を見合わせ、抱き合って再会を祝した。

「おまえはあんまり変わっていない」

ぼくは十数年という歳月が一瞬にして埋まってゆくうれしさを感じていた。エイモスは荷物をスノーモービルに積みながら、〝ミチオがポイントホープに戻ってきた〟とひとり言のように何度も呟《つぶや》いている。

エイモスは素晴らしいハンターになっていた。あの頃もすでに若きハプーナー（ウミアックの一番前に座り、クジラにモリを打つ者）だったが、今は一頭のクジラと互角にわたり合う存在感にあふれている。たくましい身体、どっしりとした風貌《ふうぼう》、責任感に満ちた人間性……。エイモスはクジラ漁の名人だった父親の道をしっかりとたどっていた。

息子三人、娘三人と、六人の子どもに囲まれたエイモスは温かな家族を作り上げていた。裸になった父親の太い腕にぶら下がり、歓声をあげながら遊ぶ子どもたちを見ていると、ふと遠い昔のエスキモーの家族の風景とオーバーラップした。二十一世紀を迎えようとしている今、遥《はる》かなエスキモーの村のどの家にもテレビがあり、ガスのキッチンだってある。が、エイモスの家庭は新しい時代の中でも何かを失っていなかった。それは家族の強いつながり、狩猟への想《おも》い、自然の恵みと共にある食生活……かもしれない。エイモスの家族の中にいるとなぜか気持ちが温められるのである。

「お父さん、ガンの群れが渡ってきたよ!」

「今日はおじいちゃんが家でガンのスープを食べようって!」

ある晩、私たちは年老いたエイモスの父親の家に集まった。今年初めての渡り鳥のスープを食べるためである。もう八十歳になろうとする古老が、食事の前に感謝の祈りをささげた。かつて自分が獲《と》ったたくさんのクジラに祈ったように……、そしてエイモスも、子どもたちも、もう多くを語らないこの慈愛に満ちた老ハンターを慕っていた。

十二歳になる息子のベンは、すでにクジラ漁の氷上のキャンプで働き始めている。クルーが寝ている間、夜通しアザラシの脂《あぶら》と流木を燃やしながらテントの暖を絶やさないのが子どもの仕事である。一人前のクジラ漁のハンターになるために必ず通らなければならない道だった。そして子どもは普通、父親のキャンプのクルーではなく、別のクジラの組(ウミアックをもつ古老を中心にでき上がったそれぞれのグループ)に働

モーの文化に残された、最後の砦(とりで)かもしれない。

春浅き北極海、クジラ漁が始まる。クジラ漁は、消えようとしているエスキ

きに出される。いわゆる修業のようなものなのだろう。〃あの子はとてもいい〃と、村人たちがベンのことを話していたとエイモスはうれしそうだった。古老からエイモスへ、父親から子どもたちへ、遠い昔から受け継がれてきたひとつの道が確実に続いていた。

ガンのスープは格別にうまかった。その野生の味をかみしめながらぼくは春を感じていた。季節が運んでくる自然の恵みを追って歳月が過ぎてゆく。その何でもない暮らしの中でエイモスの家族は生きていた。新しい時代の渦に巻き込まれながら自分を失い、さまざまな問題を抱えながら心の旅を続けるアラスカ先住民の若者たちを見て

きない恵みとなっている。

ウミアックでクジラを追う。クジラはエスキモーたちにとって欠くことので

きた後、エイモスの存在は新鮮だった。

日曜日の朝、デラが村の子どもたちを集めて教える日曜学校を見にいった。クリスチャンである村の老女の家に集まった子どもたちは、イタズラをしたり騒ぎながらも、一応デラの話に耳を傾けている。遅れてやってきた子どもたちが次々にバタンとドアを閉めながら駆け込んでくる。子どもたちは一週間に一度、こんな場所で集まることを楽しみにしているだけなのかもしれない。ぼくはデラの一生懸命さと、子どもたちとのギャップがおかしかったが、やはり心温まる光景だった。

シャーマニズムの時代は遠く去り、二十世紀初めまでにはキリスト教がそれにとって代わった。私たちがシャーマニズムに対するある種のノスタルジアをもって白人の宣教の歴史を非難するのは簡単なことかもしれない。それによってひとつの世界が失われていったのは確かなのだ。が、人々がシャーマニズムの呪縛《じゅばく》から逃れられたのもまた事実なのである。そして、おそらく、人々はそれを望んでいたのだろう。暮らしが変わってゆくということは、それが何かを失いながら思わぬ結果を生むにせよ、私たちが望む豊かさに向かって動いている。犬ゾリがスノーモービルに変わったのは人がその豊かさを選んだのだ。ただ、豊かさとは、いつもあるパラドックスを内包しているだけなのだ。昔はよかったというノスタルジアからは何も生まれてはこない。

デラを見ていると、彼女がどれだけ村の子どもたちの未来を案じているのかがひしひしと伝わってくる。地の果てのようなポイントホープの村、その中で何かを願いながら働くデラの姿。そのささやかな行為にぼくは打たれていた。そのメッセージとは、私たち一人一人がその一生において果たす大切な役割であり、この世界をほんの少しずつ良い方向へ変えることができるかもしれぬという祈りだった。

ある晩、ぼくはエイモスとお互いの子どもの未来について語り合った。

「いつか子どもたちの誰かが別の世界を見たいと言ったら、日本に来たらいい、面倒をみるから……」

「おまえの息子もいつかポイントホープに連れてこい、一緒にクジラ漁に行けるぞ」

そんなことが本当にできたら何て素晴らしいのだろう。そして同世代のエイモスとそんなふうに一緒に生きてゆくことができるかもしれぬことがうれしかった。

四月に最後のクジラを獲ってからもう一カ月が過ぎようとしていた。風がずっと南から吹いていて、リードが閉じてしまったのだ。気温が少しずつ上がり始めて氷の状態も不安定になってきた。もしかすると今年のクジラ漁はこれで終わりかもしれない。

ぼくは懐かしい人々を訪ねたり、六人の子どもを抱えて忙しいデラの手伝いをしながら毎日を過ごしていた。村の学校の管理を任されているエイモスも、絶えず雑用に

クジラの骨が立ち並ぶポイントホープ村の墓。

追われている。〝忙しい、忙しい……〟と小さな村の中を駆け回っているエイモスを見ていると、彼がポイントホープの次の時代を担う人間であることが読み取れた。

ある日の夕暮れ、ぼくは村はずれの海岸線を歩いていた。ベーリング海から押し寄せる霧が大地をはうように現れては消えてゆく。雪が解けたツンドラを踏みしめながら、まだ氷におおわれたベーリング海にも春が近いことを感じていた。どこかにリードが見えないかと、目の前の盛り上がったツンドラの上に立った。真っ平らな北極圏のツンドラでは、わずか一メートルの高さが視野を広げてくれるのだ。ぼくはその盛り上がりが何なのかまったく気づいていなかった。

が、その上から海岸線を見渡すと、同じような起伏が正しくどこまでも続いているではないか。ぼくが立っていたのは、何百年、いや何千年も昔の土のイグルーで作られたエスキモーの住居跡だったのだ。ポイントホープで発見されたエスキモーの世界最大の住居跡とはこの海岸線のことなのだろうか。つまり遠い昔、この地の果てのような村が、北アメリカの人間の文化の中心地だったのである。

さらにしばらく歩いてゆくと、ツンドラから突き出るクジラの骨があちこちに見えてきた。その多くは歳月の中で朽ち果て、白い骨はさまざまな地衣類におおわれている。何という美しい墓なのだろう。

ぼくはそのいくつかをまわりながら、やっと探していた場所にたどり着いた。その墓は比較的新しく、クジラの骨の付け根には花が飾られている。ぼくはこの土の下に眠る古老を知っていた。ローリー・キンギック……。エイモスの父親のように、エスキモーが真のエスキモーだった時代の最後のクジラ漁の狩人《かりゅうど》だった。ぼくは十数年前にローリーと交わした会話をふと思い出していた。

「ローリー、一生で何頭のクジラを獲った？」

「二十頭だったたか、三十頭だったたか……そんなことはもう忘れてしまったよ」

クジラと共に生き、クジラと共に帰ってゆく人々……この村に残されたあと数人の古老と共に、ポイントホープのひとつの時代は終わろうとしている。

が、ぼくはエイモスのことを考えていた。彼がいつか年老いた時、この村の大切な古老になってゆく風景が見えるのだ。いや、きっとエイモスだけではない。アラスカのさまざまな村で、新しい時代に希望を託す次の世代が確実に生まれている。

氷海から押し寄せる霧が、天空に向かってツンドラに立つクジラの骨を優しく撫《な》でていった。美しい墓のまわりには、なぜかそこだけ極北の小さな花がつぼみをふくらませ始めていた。あらゆる生命が、ゆっくりと生まれ変わりながら、終わりのない旅をしている。

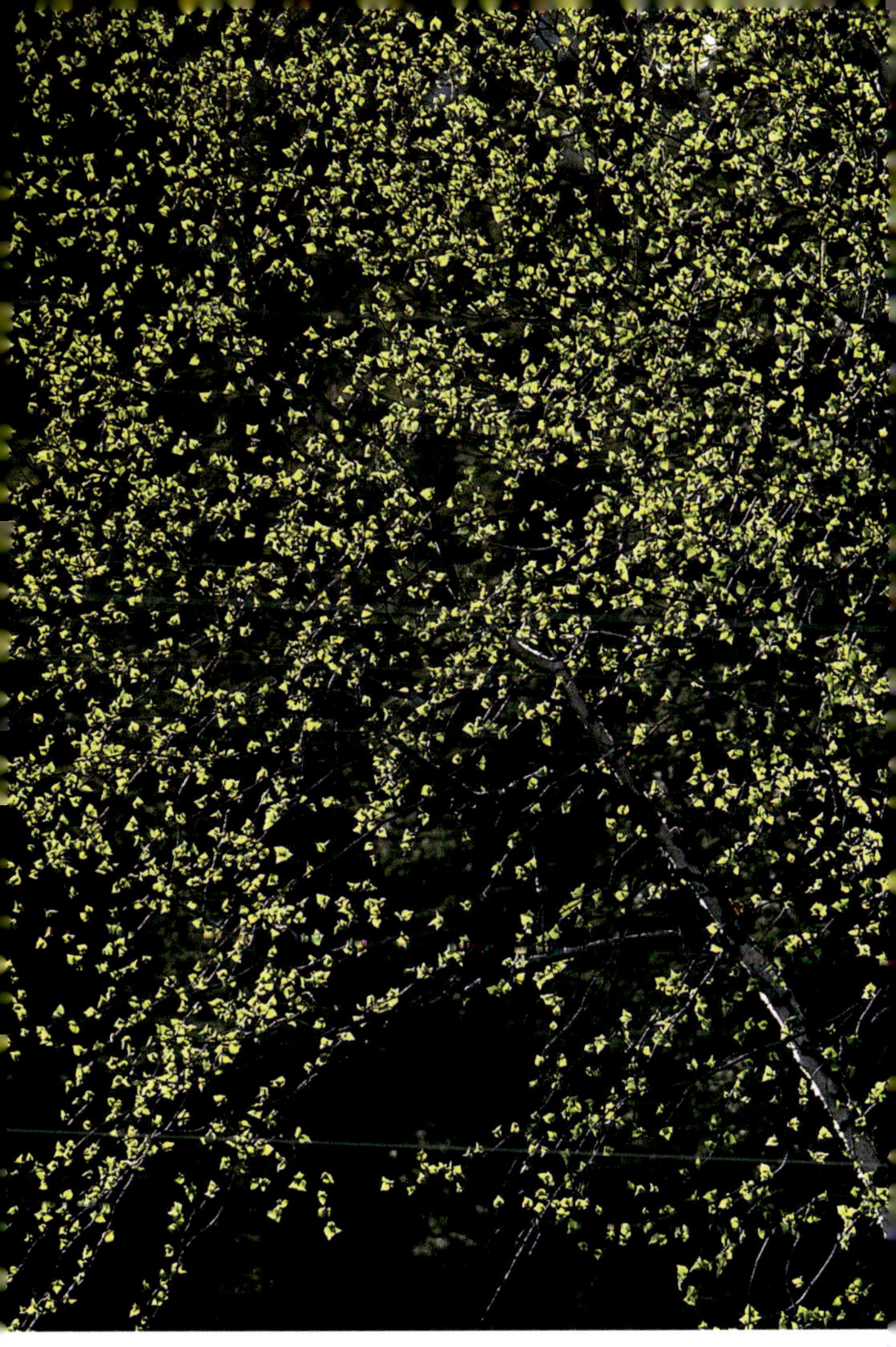

若葉の頃。シラカバがいっせいに芽吹き、淡いグリーンに染まっている。

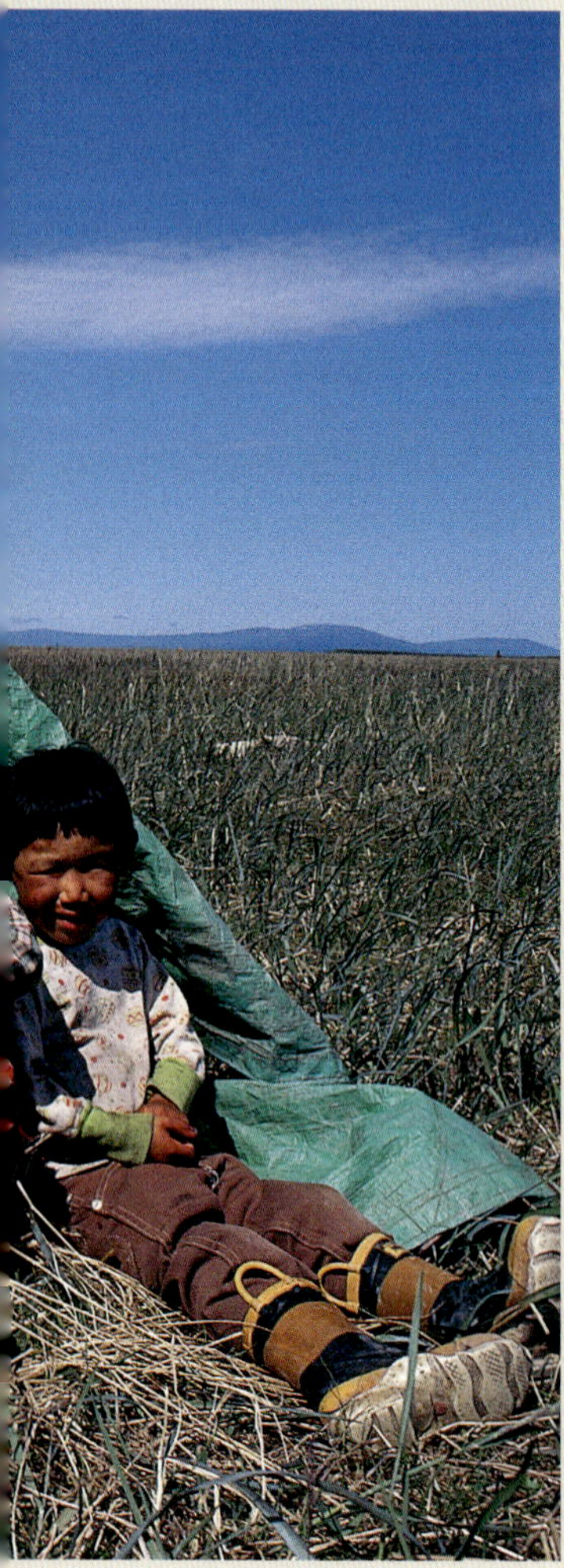

第二章

夏

Summer

白夜の陽光

Midnight Sun

明できない不思議な感覚だ。

太陽が沈まず一日中頭の上をぐるぐる回っているという体験は、言葉では説

それぞれの夏

Summer in Alaska, People are Busy

爆発するような夏の自然の営みは、人々の暮らしにもまた同じような勢いを与えてゆく。暗く、厳しい冬に閉じ込められた人々は、まるで太陽の光をむさぼるように夏のただ中を走っている。そういえば、この季節になると、めっきり友人たちと会わなくなる。誰もがそれぞれの夏に忙しいからだろう。大げさに言えば、人と会う時間が惜しいのだ。そんなことは、秋になってからすればいい。この感覚は、アラスカの冬を越した者でないとわからないかもしれない。

日の入り10：48ｐｍ、日の出0：59ａｍ。フェアバンクスの夏至……夜はもうとっくにない。星は五月から姿を消している。毎夏のことだが、時間の感覚がまったく麻痺《まひ》してくる。時計は、ある意味ではとても必要であり、またその目的を失う。それよりも、太陽の位置が気になるのだ。それは、きっと、時間の真上に生きているということなのだろう。

人々の一日は、夕食を食べ終えてもまだ終わらない。子どもたちの野球の試合はそれから始まるのだから。それもダブルヘッダーで。人々の一日の終わりは時間ではなく、太陽が沈み、あたりが暗くなる時である。そして、その太陽が沈まない。

しかし日照時間が最も長い夏至は、冬へと向かう最初の日でもある。この日を境に、日照時間は少しずつ短くなるのだから。本当の夏はまだこれからなのに、ある者は冬の在処を感じ始めるだろう。それはやはり、動き続ける太陽をいつも見つめているからだ。人々は冬至を境に春を思い始めるように、夏至もまた不思議な気持ちの分岐点である。

久しぶりにシリア・ハンターとジニー・ウッドに電話をする。この夏、皆の都合がつけば、三人で北極圏の川をカヤックで下ろうと計画していたのだ。

予想したように、シリアとジニーはつかまらない。七十に近い二人も、短い夏を走っているのだろう。メッセージを残すと、一週間後、アンカレジより電話が入る。

「ミチオ、私たちこれからシベリアに行くの！　八月末には帰ってくるから」

北極圏の川旅は来年に延ばされた。

遡上するサケをねらって湖畔に現れたグリズリー(シベリア・クルリ湖)。

アラスカの夏は自然の恵み

長かった冬が終わり、アラスカに夏が来た。白夜の季節！　もう太陽は沈まない。人々が、つかの間の夏を思いきり楽しむように、生きものたちは成長と繁殖の営みを急いで仕上げなければならない。

氷が流れ去った川には、いつしかサケの大群が、産卵のために溯上《そじょう》してくる。キングサーモン、レッドサーモン、シルバーサーモン、ピンクサーモン、チャムサーモン……。サケは、この土地の生きものたちにとって、どれほど大きな自然の恵みであるか知れない。

夏が来ると、エスキモーやアサバスカンインディアンたちは村を離れ、川沿いのフィッシュキャンプへと移動する。男たちがサケを獲り、女たちがそれをさばき、冬越しの大切な食料であるスモークサーモンを作るのだ。キャンプに漂うその匂いの何とうまそうなことか。近代化の中で人々の暮らしは少しずつ変わりつつあるが、のんびりとした夏の川沿いの風景は昔も今も変わらない。

アラスカの人々は太陽を見つめながら一年を暮らしている。冬があるからこそ、それが与えてくれる夏の恵みを知っている。

ドライサーモンをつくる。川岸のフィッシュキャンプにて。

川で獲れた魚で遊ぶ子ども。

自然の恵みを川がもたらす。

ウルという伝統的なエスキモーナイフを使い、巧みにサケをさばく。豊かな

われる。ユクラックに勝る温かいブーツはない。

ホッキョクグマの毛皮は、ユクラックと呼ばれる、厳冬期にはくブーツに使

約束の川

The Sheenjek, River of Promise

シリア＆ジニー

Celia Hunter & Ginny Wood

いつか、いつか一緒に旅をしようと、ずっと語り続けてきた約束の川があった。ある時、ふと、残された時間の短さに気づかされた。私たちは昨年（一九九五年）、その夢をかなえ、極北の川シーンジェックを下っていった。

シリア・ハンター（七十七歳）、そしてジニー・ウッド（七十八歳）は、アラスカのパイオニアの時代を生きた女性だった。ぼくは二人が住む森の中の丸太小屋をたずね、この土地の古い物語に耳を傾ける時間が好きだった。シリアとジニーも、ずっと遅れてこの土地にやってきたぼくに、何かを託すように語り続けてくれた。年齢の差を超え、私たちが大切な友人同士だったのは、アラスカという土地を、同じ想《おも》いで見つめていたからだろう。

「いつか、アラスカ北極圏の川を一緒に下ることができたらいいね。千年も、二千年も前と何も変わらない極北の原野を、川の流れに身を任せながらゆっくりと旅をする……」

「太古の昔からずっと繰り返されてきたカリブーの季節移動や、オオカミに出合えるかしら……」

「素晴らしい川を見つけよう……そうしたら、行こうよ。いつか必ず出かけよう……」

会うたびに、そんな夢を語り始めてから、いったい何年がたっただろう。そしてシリアとジニーも、ゆっくりと年老いていった。私たちの約束の川は、具体化されなければならなかった。

「シーンジェックはどうだろう。アラスカ北極圏を東西に横切るブルックス山脈から、南へと向かって流れ、ユーコンへ注ぎ込む川さ。昔からずっと憧《あこが》れていた川なんだ」

ある日、消えかけた夢を呼び戻すように、ぼくは話してみた。もうすぐ八十に手が届こうとするシリアとジニーの顔が、遠い日の娘のように輝いた。

「大賛成！　……シーンジェックにはいつか行ってみたいと思っていた。これまでたくさんのアラスカの川を旅したけれど、なぜかあの川だけは下ったことがないの」

壮大なブルックス山脈の谷を、ゆるやかに流れるシーンジェックは、私たちにふさわしい川かもしれない。アラスカ北極圏へカリブーの撮影に向かう途中で、これまで何度もこの美しい谷の上を飛んでいて、キラキラと光る水の流れは、いつもぼくを魅《ひ》

ックス山脈の谷をゆるやかに流れる美しい川だ。

ずっと想い続けてきた約束の川。その川の名はシーンジェック。壮大なブル

ジニー

きつけた。人の気配など何もない世界だが、そこは極北のインディアンが遠い昔からカリブーの狩猟に生きた土地である。一見未踏の原野に、実はたくさんの物語が満ち、シーンジェックは神秘的な谷だった。

ぼんやりとした、心の中の川は、はっきりと地図上に像を結んだ。大切な川が、熟した実が落ちるように決まったのだ。シーンジェックは、シリアとジニーにとって最後の川になるはずだった。アラスカのひとつの時代を、最もキラキラと輝いて駆け抜けた二人の女性の、最後の小さな冒険になるはずだった。

一九四六年が暮れようとする頃、フ

シリア

エアバンクスの人々は、連絡が途絶えた二機の小型飛行機を待ち続けていた。二人の女性が、アメリカ本土からアラスカを目指して飛んでくるのだ。しかし、飛び立ってからすでに二十七日間が過ぎていた。初めてアラスカと出合うこのフライトを、シリアはこんなふうに回想している。

「ものすごい寒さの冬だったの。マイナス五〇度、いや、もっと下がった日がずっと続いていた。いろいろな場所に着陸しながら天気を待ち、少しずつ北に向かって飛び続けた。フェアバンクスに着いた日はブリザード（大吹雪）。どうしても町外れの小さな飛行場が見つからないの。そうしたらクリーマーズ農場の広いスペースが見えたから、そこに思いきって着陸しちゃったのよ。八インチも雪が積もってたけど、なんとかひっくり返らなかったわ。一九四七年の一月一日だった」

空を飛ぶことに憧れ、まだ未明のアラスカに冒険を求めてやってきた、若き日のシリアとジニー。彼女らがその後にたどった軌跡は、そのままこの土地の歴史でもあった。アラスカ北極圏を飛びまわったブッシュパイロットの時代、二人は、今はもう消えてしまった古いエスキモーの暮らしを見続けた。そしてマッキンレー山の麓《ふもと》に建てた山小屋、キャンプ・デナリ。約二十年間運営されたこの小さな山小屋は、さまざまな人々の出会いの場所となってゆく。アラスカのナチュラルヒストリーにおける伝説的な動物学者、ミューリー兄弟、マッキンレー山全域の地図を作製した探検家、ブラッドフォード・ウオッシュバーン、極北の自然を描き続けた画家、ビル（ウィリアム）・ベリイ……。彼らはアラスカのもうひとつの歴史をつくりあげていった人々であり、その輪の中心にいつもシリアとジニーがいた。

アメリカ最後のフロンティア、アラスカをめぐり、開発か自然保護かで揺れ動いた七〇年代、二人はその時代の渦の中に巻き込まれてゆく。さまざまな活動を経て、一

新緑の草原、母グマと子グマの語らいがあった。

子カリブーにとって初めての夏。母親を追いかけ、跳び上がり……。

九七六年、シリアはアメリカで最も権威のある自然保護団体、ウィルダネス・ソサエティの会長に女性として初めて就任し、アラスカからワシントンＤＣへと、中央の舞台に出ていった。この時代にシリアがアラスカの自然に果たした役割は大きい。

若き日の冒険を求め、アラスカへと飛び立ったシリアに、そんな時代が待っていようとは想像もできなかっただろう。彼女はよく言っていたものだ。

〝Life is what happens to you while you are making other plans.〟（人生とは、何かを計画している時に起きてしまう別の出来事のこと）と。

アメリカの環境保護運動の第一線から退き、アラスカに戻ってきたシリアは、若き日々を共に過ごしたジニーと一緒に、それからずっとフェアバンクスの古い丸太小屋で暮らしている。今でも山に登り、クロスカントリースキーを楽しみ、マウンテンバイクに乗り、地元の新聞にコラムを書きながら、さまざまなミーティングにも顔を欠かさない。風のように自由な精神を持つシリアとジニーからぼくが受けたもの、それは、人生を肯定してゆこうとするエネルギーだった。

六月三十日、アラスカは初夏の季節。想い続けた夢がかなう日の朝は、どうして心がシーンと静まり返るのだろう。が、空港の裏手のフロンティア航空の古ぼけた事務所に着く頃には、何だか気持ちが高ぶってきた。シリアとジニーが山のような荷物を背負ってやってくる。私たちの共通の友人であるマイクもこの旅に参加することになった。小学校の先生だが、アラスカの川下りのエキスパートであり、心強い助っ人だ。

私たちは、十人乗りの飛行機で、極北のインディアンの村アークティックビレッジまで飛び、そこからセスナでシーンジェックの谷に入ることになっていた。早春の北極圏は、毎年違う川沿いの残雪や水位の状況でセスナがどこに着陸できるかもわからなかったが、誰もそんなことは心配していなかった。シリアもジニーも、何が待っているかわからないアラスカの自然に生きてきた。大切なことは、出発することだった。

ぼくは、ふと、〝思い出〟ということを考えていた。人の一生には、思い出をつくらなければならない時があるような気がした。シリアもジニーも、その人生の〝とき〟を知っていた。

私たちを乗せた飛行機は、新緑のフェアバンクスを飛び立ち、まだ春浅いアラスカ北極圏へと向かっていった。

この旅のパイロットで、私たちの共通の友人でもあるドンは、四人のメンバーを運ぶため、極北のインディアンの村アークティックビレッジとシーンジェック川の間を二回往復しなければならない。あふれるような装備と、シリアとジニーを乗せて飛び

アラスカの短い夏。風に波うつワタスゲ。

コケナデシコ

発《た》った最初の便が空《から》で戻ってきた時、ぼくとマイクはホッとした。とりあえずシーンジェックの谷のどこかに着陸できたからだ。川の水位、残雪の状況、雪解けまもない地面のやわらかさ……など、初夏のアラスカ北極圏の自然はまだ不安定で、いったいセスナが着陸できる場所があるかさえもわからなかった。

いくつもの稜線《りょうせん》を越え、突然目の前に壮大な谷が広がると、原野をゆるやかに蛇行する銀糸のような水の輝きが見えてきた。カリブーの季節移動を追って北極圏へ向かう途中、これまで何度この美しい極北の川を見おろしてきただろう。いつの日か、いつの日かと

シオガマの一種

思いながら、もう十八年がたってしまった。

川の流れに沿ってさらに北へ飛び続け、ブルックス山脈の深い谷がどんどん両側に迫ってくると、シリアとジニーに違いない二人の人影が川原に見えてきた。セスナは山肌に沿って大きく回り込みながら降下し、やがて強い衝撃と共に二、三度大きくバウンドすると、あっという間にあたりの風景は止まっていた。

ドアを開け、川原に降りると、私たちの目の前にシーンジェックは蕩々《とうとう》と流れている。テントを張っていたシリアとジニーが小走りでやってきた。

「私たちとうとう来たわね！」

「そう、やっと来たね、シーンジェックだよ」

私たちは、まるで子どものようにはしゃぎながら、互いに抱き合っていた。

セスナが飛び発ってゆくと、ブルックス山脈の谷の不気味なほどの沈黙が押し寄せ、聞こえるのはシーンジェックの川音だけだった。それは一度も乱されずに続いてきた太古の静けさのような気がした。私たちは川べりに立ち、その静寂に耳をすませていた。

「ミチオ、私たちをここに連れてきてくれてありがとう……」

突然のシリアの言葉に、これが二人にとっての最後のブルックス山脈の旅になることを感じた。シリアとジニーはあと数年で八十歳に手が届こうとしていることをいつもふと忘れている。が、この数年の二人の会話の中で、これまでと違う気配に気づくこともあった。誰もが、それぞれの老いに、いつか出合ってゆく。それは、しんとした冬の夜、誰かがドアをたたくように訪れるものなのだろうか。

小さな流木を集め、焚《た》き火の用意をしている時だった。遠くから見ていたジニーがたまりかねたように言った。

「ミチオ、何をしているの？」

「火をおこそうと思ってさ……」

「そんなに寒いかい？」

野営をする時、ぼくはもう習慣のように焚き火をした。

「見てごらん、この川原にどれだけ流木が少ないか。私たちが一晩焚き火をするだけで、おそらくここの流木をすっかり使ってしまうよ」

ほとんど木の生えないツンドラで、川の流れが運んでくるわずかな木々は貴重だった。

「アークティックビレッジのインディアンがこの谷を冬に旅するかもしれない。いつか誰かが、この焚き火を本当に必要とするかもしれないからね……」

翌日、稜線から昇る朝陽《あさひ》を浴びながら、私たちはシーンジェックの流れに乗った。ゴムボートの下から伝わる水の感触、飛び散る水しぶき、移り変わってゆく風景……何年も語り合った約束の川を、今、私たちは手にしていた。シーンジェックの流れは優しく、水は水晶のように透きとおっていた。川が大きく曲がるたび、極北の原野もゆっくりと回ってゆく。水の流れに運ばれて旅をしていることで、私たちはこの壮大な自然に属していた。

オールを漕ぎながら、とりとめのない話は尽きなかった。誰かが新しい話を始め、ひとしきり終わると、また誰もが黙って流れゆく風景に見入った。私たちは好きな時に、好きなところで止まった。夕暮れが近づくと、キャンプのために素晴らしい場所を探した。どれだけ気持ちのいい夕べを過ごせるか、それは思い出に灯をともすよう

ウミオウム

カモメ

キンメフクロウ

に大切なことだった。

ある日の午後、ボートを岸につけ、私たちは原野へと分け入った。ラストレイク（最後の湖）と呼ばれる小さな湖を探すためだった。

半世紀も前、ミューリーという伝説的な生物学者がアラスカにいた。後にアメリカ自然保護運動のパイオニアとなった人である。ミューリーは若くしてこの世を去るが、未亡人となったマーガレットは〝Two in the Far North〟（二人の極北）という本を晩年になって書き上げた。それはこの土地の自然に憧れる誰もが読むアラスカの古典となるが、その中にシーンジェックという章があった。ラストレイクは、若き日のミューリー夫妻がこの谷でひと夏を過ごした場所で、マーガレットが名づけた湖だった。彼女はすでに九十歳を越えているが、今でもワイオミング州の山小屋に一人で暮らしていて、シリアの古い友人だったのだ。

「出発前、マーガレットに電話を入れたの。これからシーンジェックに出かけるって……彼女は本当に懐かしそうに言っていた。〝ラストレイクが昔のままにあるかどうか見てきてくれ〟って」

私たちは地図を頼りに山裾《やますそ》へ向かって歩いた。真っ青に晴れ上がった素晴らしいハイキング日和《びより》だった。途中で、古いカリブーの角や、動物の糞《ふん》の上にしか生えない珍しいオオツボゴケを見つけるたび、私たちはひと休みした。広大な残雪地帯を越え、小さなクロトウヒの林を抜けると、突然目の前に湖が現れた。それが〝最後の湖〟だった。

シリアとジニーは、湖畔に腰をおろし、寄りそいながら湖面を泳ぐ二羽のアビを見つめていた。湖は、長い歳月、誰も人が訪れていない気配があった。ぼくはシリアの言葉をふと思い出していた。

「ラストレイクを見にゆくのは、私たちにとって、何か聖地へ行くようなことだったの」

オオカミがベースキャンプに現れたのは次の朝のことだった。ちょうどシーンジェックの流れを渡ってくるところだった。「オオカミだ!」と、マイクはささやくように叫んだが、シリアとジニーが気づいた時にはすでに草むらの中に姿を消していた。ぼくは祈るような気持ちであたりを見つめていた。二人にどうしてもオオカミを見せてあげたかった。突然オオカミは目の前の丘に姿を現し、しばらく私たちを見おろした後、反対側の谷間へと消えていった。

シーンジェックでオオカミを見たこと、それは私たちのこの旅を決定的なものにした。アラスカのひとつの時代を、最もキラキラと輝いて駆け抜けた二人の最後の旅に、

枝や葉を食いちぎっていく。

オオカミがそっと会いにきたような気がした。子どもから大人へと成長し、やがて老いてゆく人間のそれぞれの時代に、自然はさまざまなメッセージを送ってくれる。シリアとジニーが見たオオカミは、いったい何を語りかけてきたのだろうか。

私たちは再びボートを流れに乗せ、川を下り始めた。約束の川、シーンジェックは、ぼくの記憶の中で流れ続け、いつの日かたまらない懐かしさで思い出す。

「あと百年も、二百年もたった時、シーンジェックの谷はどうなっているだろう?」

ジニーがオールを漕ぎながら、ふと呟《つぶや》いた。私たちはそれぞれの想いの中で、そのたしかな答えを探していた。

えさを求めて森をさまようムース。夏は採食の季節。長い顔を振りながら、

グリズリーとカケス

無数の宝石のように輝いていた。

ワタスゲの海とカリブーの群れ。白い綿毛は白夜の光を浴びて金色となり、

第三章

原始の森・豊饒の海

Southeast Alaska; Primeval Forest; Rich Sea

したい衝動にかられる。

南東アラスカの海。氷河から崩れおちた氷塊が浮かんでいる。氷の上に上陸

小さな島々の浮かぶ入り江。水際まで原生林が迫る。

ある親子の再生

Resuscitation of a Mother and a Son

エスター＆ウィリー
Esther Shea & Willard Jackson

この数年、南東アラスカのクリンギットインディアンの世界を旅している。かつて人々がトーテムポールの文化を築きあげた頃の、神話の気配を今も残す、森と氷河に覆われた神秘的な土地である。そしてフィヨルド地形に囲まれた多島海には、夏になるとザトウクジラが帰ってくる。ぼくはこの土地で忘れ難いクリンギット族の親子に出会った。今年八十歳になるエスター・シェイと、その息子ウィリー。ことに同世代のウィリーからは計り知れない力を受けたような気がする。

最後の氷河期、干上がったベーリング海の草原を渡ってきたエスキモーやアサバスカンインディアンと異なり、氷河が迫る海岸線に独自の文化を築き上げたクリンギット族がどこからやってきたのかは謎に包まれている。が、ある古老が語ったこんな話が残されていた。

「昔々、海の方から人が流されてきて、プリンス・オブ・ウェイルズ諸島の南西に浮

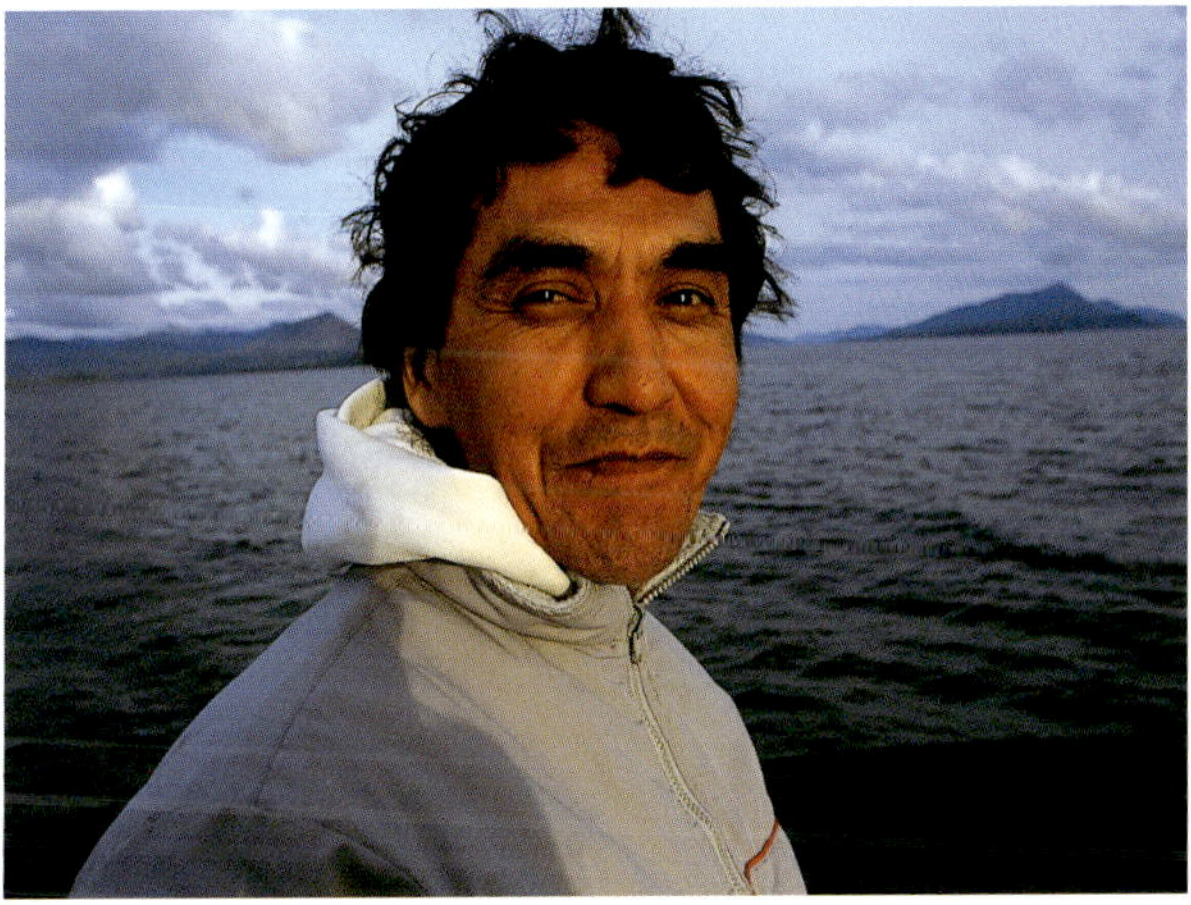

優しい目をしたウィリー。

かぶドール島にたどり着いた。その人々は、ウィシュンシャンアデ（何かとても古い生きものという意味らしい）と呼ばれ、今のタクウエイデ・クランの遠い祖先だと言われている」

クランとはある種の家系のようなもので、先祖の始まりはさまざまな動物の化身と人々は信じ、その家系の動物によって複雑なクリンギットインディアンの社会ができ上がっていた。その中でもオオカミとワタリガラスは中心を成し、タクウエイデはクリンギットインディアンのオオカミ族の最も古くて重要な家系だという。多くの古老たちは、タクウエイデの祖先の海からやって来た異人たちが、この海岸線に初

クリンギット族の言葉と文化を伝える村の古老、エスター・シェイ。

めて住みついた人々だと信じていた。つまり内陸部から海の幸を求めて移動してきたもともとのインディアンより、彼らはこの土地に先にたどり着いたという。そしてこの異人たちは、アジアから流れ着いたのではないかという言い伝えがある。が、数千年も前の物語である。そしてエスター・シェイがそのタクウエイデ・クランの家系だった。

ぼくは、クリンギット族の社会で最も尊敬されている古老の一人であるエスターに以前から会いたかった。消えようとする物語を自分の耳で聞いておきたかった。けれども、エスターと会って最も強い印象を受けた物語は、時代という渦に翻弄されながら生きた彼女の人生そのものだった。

「おばあさんに言われたことを、今でもはっきり覚えている。どれだけ時代が変わろうと、どんなに顔を洗っても、おまえのクリンギットインディアンの血は落ちはしないと……」

一九〇〇年代の初めから約半世紀続いたアラスカ先住民に対する同化政策の目的は、エスキモーやインディアンをアメリカ人に仕立ててゆくことだった。シャーマニズムは否定され、子どもたちは村から遠く離れた寄宿学校に送られ、そこでは自分たち民族の言葉を使うと体罰が加えられた。この時代にアラスカ先住民の言語は消えていったのである。ぼくはそのことを歴史としては知っていたが、その時代が、今もどれだけ深い傷を人々の心に残しているのか、エスターに会うまで何も理解していなかった。

「時代が変わり、ある時、クリンギット語を村の小学校で教えてほしいと頼まれた。子どもたちの前に立ったとき、私は怖くて仕方がなかった。心の中にクリンギット語をしまい、しっかりと鍵をかけてから四十年が過ぎていた。……本当に言葉が出てくるのか……」

エスターは言語だけではなく、クリンギット族の古いしきたりをもち続ける数少な

別世界となった。木々はいまにも歩き出しそうな気配を漂わせていた。

明るい入り江から、森に足を一歩踏み入れると、物語のページを開くように

森の中には無数の川が流れる。

い古老である。が、彼女は激動の時代を過ごし、自分自身を見失いそうになりながら、苦しみ抜いてやっとその場所に戻ってきたのである。エスターは、今残りの人生を懸けて、クリンギット族の子どもたちに何かを託そうとしている。彼女が人々に敬われているのは、温かい人間性や、古いしきたりを知っているからだけではない。長い旅をへてしっかりと元の場所に帰ってきた彼女の人生を、クリンギット族の人々はひとつの道しるべとして、自分自身の人生と重ね合わせているのかもしれない。

エスターの息子ウィリーには、初めて会った瞬間に、強いスピリチュアルな何かを感じていた。風のようにひょうひょうとして、まったく陽気な男なのに、彼の美しい視線はいつも相手の心の奥底を優しく見透かしていた。その美しさはある深い闇《やみ》を越えてきたまなざしでもある。ウィリーはベトナム帰還兵だった。

「息子はおれの命の恩人なんだ……」

と、かつてウィリーが言ったことがある。

より多くの黒人が、より危険な前線に送り出されたように、エスキモーやインディアンの若者たちもまた同じ運命をたどった。ベトナム戦争で五万八一三二人の米兵が命を落としたが、戦後、その三倍にも及ぶ約十五万人のベトナム帰還兵が自殺していることはあまり知られてはいない。ウィリーもやがて精神に破綻《はたん》をきたし、首をつって自殺を図る。が、その時、わずか七歳だった息子が必死に父親の身体を下から支え続けたという。

ウィリーは長い心の旅をへて、クリンギットインディアンの血を取り戻そうとしている。そして今も心を病むベトナム帰還兵のインディアンの同胞を訪ね、その痛みに耳を傾けていた。それだけでなく、監獄にいるインディアンの若者たちを訪ねては再生への道を共に歩いている。それは戦後荒れていった彼自身がたどった道でもあった。

そしてウィリーが素晴らしいのは、その行為が自然で、何の気負いもないことだった。

早春のある日、ぼくはウィリーと一緒に、南東アラスカの海へ漁に出た。かつてクリンギット族は一本の大木をくり抜いたカヌーでこの極北の海に生きたように、ウィリーもこの海の潮風に吹かれながら生まれ育った漁師だった。

その日、私たちはたくさんのオヒョウの群れに出合い、思いがけない大漁となった。夕方には村に帰るはずだったのに、真夜中の零時を過ぎても魚をさばく作業は終わらなかった。久しぶりの好天で、空は覆いかぶさるように無数の星がまたたいていた。

「何てきれいなんだろうな……」

ウィリーが手を休め、夜空を見上げながらふと呟《つぶや》いた。同じ星空を眺めているのに、ぼくはウィリーが自分の見知らぬ世界にいるような気がしてならなかった。

漁に出る前、ウィリーは小さな漁船の上から薬草をすりつぶしたものをそっと海面にまき、この海に生きた祖先の魂に祈った。

「あらゆるものが、どこかでつながっているのさ……」

いつも冗談ばかり言っているウィリーが、そんな時、あの深いまなざしとなった。ぼくは人が祈るという姿にこれほど打たれたことはなかった。

南東アラスカの太古の森、悠久な時を刻む氷河の流れ、夏になるとこの海に帰ってくるクジラたち……アラスカの美しい自然は、さまざまな人間の物語があるからこそ、より深い輝きを秘めている。

母親のエスターも、息子のウィリーも、時代を超えて、同じ旅をしているのだと思った。きっと、人はいつも、それぞれの光を捜し求める長い旅の途上なのだ。

氷河を抱いた山々、苔むした原生林……。谷を渡る風の音が聞こえ、あとは

フィヨルドの海を旅するしかない。

南東アラスカには道がない。地図をたよりに無数の島々の間を縫いながら、

引き潮によって浜辺に置きさられた氷塊

クリンギット族の寡黙な墓守
Quiet Gravekeeper of Tlingit Indian

ボブ・サム
Bob Sam

シリアやジニーと、いつも話したことがあった。それはアラスカがどんな時代を迎えるのだろうかという漠然とした想《おも》いだった。

「私はね、大変な時代が来ると思う。でもそれはいつの時代だって同じ……。そしてどんな悪い状況だって必ず新しい芽は出てくる」

「エスキモーやインディアンの人々だけでなく、白人だって新しい時代を迎えるだろうな。もう何かが変わろうとしているよ。次の時代を背負う世代が少しずつ出てきているから……」

新しい土地制度に参加しなかったグッチンインディアンの村を訪れた時、時代に取り残されたような静かなたたずまいの中に、浮かれていない、地に足がついた自信のようなものを感じていた。なぜ、目先の豊かさではない、何代も何代も先の子どもたちのための選択ができたのか。それは人々がもちえた〝何かがおかしい〟〝やっぱり止《や》めようか〃という、未来を見通したその力があったからだ。

目まぐるしく、そして加速度的に動き続ける時代という渦の中で、厳しい冬を越した大地から現れる芽のように、それはまだ見過ごしてしまいそうな小ささかもしれないが、ぼくは新しい力が生まれつつあることを確信し始めている。それは、ただ〝昔はよかった〃という過去に立ち戻ることではない。ノスタルジアからは何も新しいものは生まれてはこない。自然も、人の暮らしも、決して同じ場所にとどまることなく、すべてのものが未来へ向かって動いている。

早春のある日、南東アラスカの森を友人のボブと歩いていた。鬱蒼《うっそう》とした茂みをかき分けてゆくと、デビルスクラブの葉が身体《からだ》中のあちこちを突き刺した。この土地の森を歩く時、葉の裏にたくさんのトゲが隠れたデビルスクラブほど厄介な植物はない。けれども、もしこのトゲがなければ、たくさんの栄養を含むこの葉は森の生きものたちにたちまち食べ尽くされているにちがいない。そしてボブは言っていた。自分たちクリンギットインディアンにとって、デビルスクラブほど大切な薬草はないと……。

北アメリカとユーラシアが陸続きだった一万八〇〇〇年前、干上がったベーリング海を渡り、インディアンの祖先の最初の人々が北方アジアからアラスカにやってきた。悠久の時の流れと共に、彼らは北アメリカ大陸をゆっくり南下しながら広がってゆくが、その中に南東アラスカの海岸にとどまった人々がいた。後にトーテムポールの文化を築き上げたインディアン、クリンギット族である。

ハクトウワシ、ワタリガラス、クジラ、ハイイログマ……トーテムポールに刻まれた不思議な模様は、遠い彼らの祖先と伝説の記憶である。が、それは後世まで残る石の文化ではなく、歳月の中で消えてゆく木の文化であった。そして多くの古いトーテムポールは、世界中の博物館に持ち去られていったのである。

二十一世紀に入ろうとする時代に、どこかの森で、ひっそりと眠るように残る古いトーテムポールを見ることができないだろうか。森の中に倒れていても、朽ち果てていてもいいから、彼らの神話の時代に生きたトーテムポールに触れてみたい。南東アラスカの森を旅しながら、ここ何年かその想《おも》いがずっと募っていた。そしてボブに出会ったのも、ちょうどそんな頃だった。ぼくはこの土地の森でトーテムポールを見つけることはできなかったが、自分と同じ年の、一人のクリンギットインディアンと知り合うことができた。

ボブの仕事は、墓守である。そして私たちが初めて言葉を交わしたのも、クリンギットインディアンの古い墓場だった。ほとんどしゃべらない寡黙《かもく》なボブに、自分が探し求めていた、目には見えぬある世界を感じ、ぼくは少しずつ魅《ひ》かれていった。

森の中でボブと一緒に野営をする。

十代の終わりから二十代にかけて、ボブはアラスカ中を転々としていた。アル中、ドラッグ（マリファナetc.）と、ある種のアラスカ先住民の若者たちがおちいる世界の中で、それは悲惨な時代だったという。

やがてボブはフェアバンクスにやってくる。一九七〇年当時、この町はアラスカ中のさまざまな村から出てきたインディアンの若者たちと警察との衝突が絶えなかったという。特に彼らを差別視する警察との闘いは熾烈《しれつ》だったらしい。ぼくはボブから話を聞くまでそんな世界があったことも知らなかった。

タナナ、グッチン、コユコン……それぞれのインディアンの種族が集まっ

地面に横たわる遠い昔のトーテムポールとオジロジカ。

たグループの中で、ボブはいつしか中心人物になってゆく。頭の良さだけでなく、穏やかな人間性が若者たちを魅きつけたのだろう。が、やがてボブは警察に捕らえられ、すさまじいリンチを受けた後、フェアバンクスの町から追い出されていった。

生まれ故郷の南東アラスカの町に戻ったボブは、クリンギットインディアンの古老たちに近づいてゆく中で、大きな転機を迎える。ボブは古老たちから人を許すことを学び、白人への憎しみも消えていったという。

ちょうどその頃、故郷の町で新しい住宅建設が始まっていた。今はもうクリンギットインディアンだけでなく、その十倍近い白人が暮らす町だった。そしてこの町の外にある、もう半世紀近く誰も見向きもしない古いロシア人墓地が住宅建設の場所だった。森の中にあるその墓地はもう手がつけられないほど荒れ果てていた。が、ロシア人が葬《ほうむ》られる以前、そこは千年以上にわたるクリンギットインディアンの墓地だったのである。

工事が始まり、墓が掘り起こされると、人骨は草むらに投げ出され、たくさんの古い埋葬品は盗まれていった。ボブは毎日一人で墓地にやってきては、散らばった骨を少しずつ土に戻していった。やがてボブの行動がこの町で大論争を引き起こし、ついに住宅建設がストップされたのだ。ボブはそれからも毎日やってきては、誰に頼まれたわけでもないのに、森の木々と下草に埋もれた墓地をきれいにしていった。それは大変な作業だったはずである。そして十年という歳月をかけて、たった一人でそこを見違えるような墓地に変えてしまったのだ。ボブはその十年の歳月の中で、遠い祖先の人々と言葉を交わし、傷ついた心がゆっくりと癒《いや》されていったのだという。

そんなボブを古老たちは遠くからじっと見つめていた。そして彼らはクリンギットインディアンの古い物語を語り継がせる新しい時代のストーリーテラーに、ボブを選んだのだった。

初めて出会った頃、ほとんど話をすることもなく、身なりも気にせず、ただ自分の世界に生きているようなボブがよくわからなかった。そしてこの町で誰かに会うたび、ぼくは〝ボブを知っているか〟と聞いた。すると誰もが微笑《ほほえ》みをもって〝ああ知っているよ〟と答えるのである。そればかりか、ボブと一緒に通りを歩いていると、路上で遊んでいる子どもたちまでが、〝こんにちはボブ！〟と声をかけてくる。が、ボブはそれに答えるわけでもなく、ただ黙々と通り過ぎてゆくだけである。

ぼくはいつしか不思議な想いに満たされていた。かつてあれほど憎んでいた白人社会の中で、ボブはしっかりと受け入れられ、墓場を守ることで癒されていった自分が、逆に人々の心を癒していたのではないだろうか。ある時、ボブの奥さんはこんなこと

くりと草を食べている。

森の中から現れたオジロジカが、トーテムポールの間をさまよいながらゆっ

消えようとする模様が何かを語りかけていた。

を言っていた。

「ボブがあの墓場を守ってから、この町のクリンギットインディアンの世界が少しずつ変わっていった。特に若者たちが自分自身のアイデンティティに目覚めていったの。そしてとても自信を取り戻していったような気がする」

アメリカ陸軍フェアバンクス分隊の小部隊がこの墓地にやってきたのは、去年の秋のことだった。ボブとこの墓地の関わりを耳にしたアメリカ陸軍が、この季節になると墓地の下草を刈る応援に駆けつけるのだという。

ボブはその日、本当にうれしそうだった。一年で一番幸福な日だ、とも言った。〝なぜ？〟と聞くと、〝夏草で覆《おお》われていた墓地がたった一日で見違えるようになってゆくのを見るのがうれしいんだ〟と答えた。ボブの心の中で、この墓地はそれほど大きな世界を占めているのだった。そして言葉にはしなかったが、まったく見知らぬ人々が彼の世界に目を向けてくれた喜びもあったにちがいない。ひとつの閉ざされた世界から抜け出て、かすかな光を垣間《かいま》見《み》たのではないだろうか。

墓地の下草刈りは早朝から始まった。三十人ほどの兵士が森の中に散らばって、冗談を言い合いながらも、驚くほどの早さで仕事が進んでゆく。兵士たちは、白人、黒人……とさまざまな人種からなっていた。そして誰もが、なぜ今自分たちがこの墓地

クリンギットインディアンの古い墓地に日が昇る。

で草を刈っているのか、を知っている。雨の多いこの土地では珍しく晴れ上がり、木漏れ日が射《さ》す森の中には笑い声が絶えず、それは何とも明るい風景だった。

ぼくはその中に混じって働くボブを見つめながら、この世界をほんの少しずつ良いものへと変えてゆく不思議な力のことを考えていた。この墓場を守っていた彼の小さな行為が、何か目には見えぬ力に支えられながら、まるで一人歩きをするように大きな広がりを持ちはじめている。それはいったい何なのだろうか。ぼくは温かな想いに満たされながら、かつて考えてみたこともないような気配を感じていた。ボブは、彼が守った無数の魂に見守られているような気がしてならなかったのである。

デビルスクラブをくぐり抜けると、また気持ちのいいシトカトウヒの大木に囲まれ、私たちはそこでひと休みすることにした。ボブは苔《こけ》むした地面に腰をおろし、あたりの気配にじっと耳をすましている。ぼくは倒木に座り、新緑の森の美しさに見とれていた。そして、ボブに出会ってから過ごしたさまざまな思い出が心をよぎった。私たちは、アラスカではもう見られない、人々が神話の時代に生きていた頃の古いトーテムポールを求め、カナダ太平洋岸の孤島へも共に旅をした。ぼくはボブと出会い、目には見えない世界の扉をほんの少しずつ開いていった。

時々風が森の中を吹き抜け、木々がざわざわと揺らめいていた。朽ち果て、すっかり苔むした倒木から、この上に落ちた幸運なトウヒの種子が新しい芽を出していた。倒木は養木となって、いつの日か自分の姿がすっかり消えるまで、この小さな芽を一本の大木に育てあげるのかもしれない。

「ボブ、植物にも魂があるのかな？」

「当たり前さ……薬草を採りにゆく時、自分が本当にきれいにならないと、薬草が自分を見つけてくれないんだ……子どもの頃、おばあさんに何度もそのことを言い聞かされた」

ぼくはボブと出会い、闇《やみ》の中で薄明かりを見たように、ある希望をもつことができた。いや、きっとボブだけではない。行く先が何も見えぬ時代という荒海の中で、新しい舵《かじ》を取るたくさんの人々が生まれているはずである。アラスカを旅し、そんな人々に会ってゆきたい。アラスカがどんな時代を迎えるのか、それは人間がこれからどんな時代を迎えるのかということなのだろう。

私たちは早春の森をさらに歩いていった。あたりは新しい生命の気配に満ちていた。

〝木も、岩も、風さえも、魂をもって、じっと人間を見据えている〟

ぼくは、まるでひとつの生命体のような森の中で、いつか聞いた、インディアンの神話の一節を、ふと思い出していた。

も、ゆっくりと秋が近づいている。

夕暮れの海をザトウクジラが進む。豊饒（ほうじょう）なアラスカの夏の海に

第四章

秋

Autumn

黄葉の調べ

Tunes of Autumn Leaves

黄葉に染まるツンドラ。アラスカの大地は息をのむ色彩に覆われていく。

めぐる季《とき》の移ろい

Change of the Seasons

　ある事情でハワイに移り住んだ友人に、〝アラスカを離れて一番恋しいものは何か〟と聞いたことがある。彼は迷わず答えたものだ。「季節だよ、この土地には季節がないからね」と。

　人は、めぐる季節で時の流れを知る。心に区切りをつけることができる。

　北国の季節の移ろいは美しい。そしてアラスカは、北国というより極北という世界に入るのだろう。私は、この土地のそれぞれの季節に魅《ひ》かれている。が、とりわけ秋の見事さにはただ言葉がない。

　八月も終わりになると、アラスカの原野は、ゆっくりとツンドラの紅いじゅうたんに敷きつめられてゆく。さまざまな植物が、それぞれの紅葉を進めながら、日に日に原野の色を深めてゆくさまは、まるで自然のオーケストラ。あるぐっと冷えこんだ日、わずか半日で紅葉が変化してゆく早さに驚かされるだろう。

　アスペンやシラカバは黄葉し、その中で、黒いトウヒの針葉樹とが織りなすモザイクの美しさ。そして木立から匂《にお》ってくる、こうばしいハイブッシュクランベリーの秋の香り。すっかり熟したブルーベリーの実は、今はただ摘まれるのを待つばかりだ。

　秋の訪れは、忙しかった夏の生活にゆっくりとブレーキをかけ始める。そう、人々は、夏の間走り過ぎてしまったのだ。日照時間は次第に短くなり、気温もどんどん下がり始めている。走りゆく夏は名残惜しい。けれども、少しずつ厳しくなる自然が、私たちを穏やかな気持ちに満たしてゆくのはなぜだろう。それは、どこか雨の日に家で過ごさねばならない伸びやかさに似ている。冬がもたらす気持ちの安らぎも、きっとそういうことなのだろう。

　そしてある日、初雪は突然やってくる。昨日まで、アスペンやシラカバの落ち葉を踏みしめていたのが、もうずっと昔のような気がしてくる。それにしても、この初雪のうれしさは何だろう。

　人の気持ちは、めぐる季節の移ろいに立て直されてゆく。やがて来る季節が、マイナス五〇度まで下がる暗黒の冬でさえ、人々はどこかその新しい季節に希望を託すのだろう。

黄葉、紅葉。さまざまな植物が極北の秋を演じる。

急（せ）かされるように渡っていった。

春と秋、1000キロもの季節移動をするカリブー。夕暮れの極北の川を何かに

タクシードライバー
Taxi Driver

セス・キャントナー
Seth Kantner

ボートのエンジンを切ると、秋の原野のしみいるような静けさに包まれた。漂い始めたボートのすぐわきを、三〇センチほどのグレイリング（カワヒメマス）が悠々と泳いでゆく。極北のこの美しい魚は、太古の昔から釣り針というものを見たことがないのかもしれない。ジャケットを着込み、ミトンをはめ、毛糸の帽子を深くかぶり直す。九月のコバック川を吹き抜ける風は切るように冷たい。数百羽のカナダヅルの群れが空高く弧を描きながら南へと向かっていった。

ぼくは西部アラスカ北極圏を流れるコバック川を下っている。ブルックス山脈にその水源を発し、チュコト海へと流れ込む全長五〇〇キロにも及ぶこの川沿いには、わずか五つのエスキモーの村が散在するだけだ。ノルビック、カイアナ、アンブラー、ショグナック、コバック……その人口はきっと千人にも満たない。

「早春の頃、雪解けと共にこの川が流れ始めるだろ。その時の風景がすさまじいんだ。

遠い昔のエスキモーの心をもった青年、セス・キャントナー。

押し合いながら流れてゆく氷の上に、時おりカリブーが取り残されていることがある。春の季節移動でちょうど川を渡っている時に氷が動き始めてしまったのさ。カリブーは氷の激流に飛び込むこともできず、その流れの中で呆《ぼう》然《ぜん》と立ち尽くしているんだ。いつかあの風景をミチオに見せてあげたいよ」

川が大きく蛇行するたびに動いてゆく秋の原野を眺めながら、この土地で生まれ育った友人のセス・キャントナーのことをふと思い出していた。この川を下り始める数日前、エスキモーの町コッツビューで、久しぶりにセスと会っていたからだ。変わりゆくアラスカで、この原野の未来に想《おも》いをはせる

カリブーの狩猟を終え、村に帰る。

ムースの角を運ぶ。ムースのすべてをむだなく使う。

川面に霧が立ちこめるコバック川の夜明け。

セスの気持ちを痛いほど感じていた。いつの日か近代化の波がこの土地にも押し寄せ、今自分が眺めている未踏の原野の広がりは伝説となるだろう。そんな時代の足音に耳をすませながら、ぼくは秋になるとカリブーを求めてコバック川流域を旅してきた。そしてどうしてもセスとこの原野の未来が重なってしまうのだ。ぼくはセス・キャントナーほど、遠い昔のエスキモーの心をもった若者も知らなかった。が、セスはエスキモーではなく、白人だった。

一九六五年、セスはアンブラーの村から三〇キロほど下流の原野で、ハウイ・キャントナーの次男として生まれた。ツンドラの土で作ったイグルーの中でである。アラスカ大学を卒業したばかりの両親は、狩猟だけによる原野の生活を求め、コバック川流域に移住してきたのだった。エスキモーの暮らしも大きく変わりつつある時代の中で、キャントナー一家は人々が捨てていったこの土地の古い価値観を受け継いでいった。コバック川流域のエスキモーは、この家族の暮らしを不思議な思いで見つめていたに違いない。

しかし十年前、脳腫瘍《のうしゅよう》を患《わずら》った母親のアーナは寒い土地で暮らすことができなくなり、父親のハウイと共にハワイ島へと移住していった。何年か前、ぼくは二人をハワイへ訪ねたが、狩猟民が農民になっただけで、自然の中でシンプルに生きる暮らしは何も変わってはいない。

長男のコールも原野を去り、それまで一度も学校というものへ行ったことがなかったのに、アラスカ大学へ一番の成績で入学していった。その時のフェアバンクスの新聞社のインタビューを思い出すと今でも笑ってしまう。

「君はいったい北極圏の山の中で今まで何をしていたのですか？」

木訥《ぼくとつ》なコールは質問の意味がよくわからなかったのか、「……生活をしていました」と答えるのである。

コールは大学卒業後、ピースコア（アメリカの青年海外協力隊）に参加し、アフリカへと渡っていった。

そしてコバック川の原野にはセスだけが残された。誰よりも狩猟民の血が色濃く流れていたセスは、この原野から離れられなかった。大地の恵みと共に生きる暮らしは、セスにとって夢でも理想でもなく、子どもの頃からのただ当たり前の現実だった。何か特別なことがあるとすれば、セスがその当たり前の現実をこよなく愛していたことだった。

が、大人になるにしたがい、セスは自分の知らないもう一つの世界と向き合ってゆかなければならなかった。誰よりもエスキモーのように育ったのにエスキモーではなく、白人の顔をしているのに白人ではない。セスのジレンマは少しずつ膨らんでいった。子どもの頃からのセスを知っているぼくは、あらゆるものが変わりつつある時代の匂《にお》いを、どうしても世界と折り合いがつかぬ彼の苦悩の中に感じることができた。そしてセスの素晴らしさは、その苦悩を彼独特のユーモアに転化できる力だった。

もう何年も前、フェアバンクスにひょっこり出てきたセスは、何の因果からか、夏の一時期をタクシードライバーとして働いたことがあった。それは好奇心にあふれる子どもが、見知らぬ世界を探検しようとするような行為だったのだろう。セスはその時の体験を初めてひとつの文章としてしたためた。それは乗り込んでくるタクシーの客を、エスキモーの精神世界をもつセスの視点で描きあげたものだった。

〝タイトなジーンズとコットンシャツを着た二人の白人娘が、ショッピングセンターの駐車場を風を切って駆けてゆく。ほんの数秒前まで、フェアバンクスの町の暮らしに嫌気がさし、北極圏の原野に今すぐ帰ろうと思っていたことを、おれはもうすっかり忘れている〟

という書き出しで始まるストーリーは、その最初の一文でセスの立場がよくあらわれている。白人は、白人の女性を決して白人の女性とは呼ばないからである。

〝映画の中のタクシードライバーのように、片ひじを窓わくにかけ、たった一本の指

ハイブッシュクランベリー

グリズリー。初冬の冷たい水をふりはらう。

ライチョウ。夏羽から冬羽へと変わりつつある。冬には全身が白色になる。

でハンドルを回している。車はミッドナイトサン・タクシー社18番。まあまあうまくやっている。足もとのアクセルとブレーキを間違えないよう、必死で気持ちを集中して運転していることを客が知ったなら、きっと内臓に弾をくらったカリブーのように飛び上がってしまうだろう〟

タクシー会社は、どうやらセスが車を運転できるのかどうかも確かめなかったらしい。

〝すぐ隣に座る老婦人の客は片時もメーターから目を離さない。彼女は恐ろしく紅《あか》い口紅をつけ、頭はナンシー・レーガンのあの髪形だ。そしてこの手は絶対チップを払わない。この四週間

トウヒの種子を食べるアカリス。

で、もうその見分けはつく……〟

　セスは何かが違う自分のことを老婦人がうさんくさそうに見ているのを感じている。それらしい振る舞いをしようとすればするほど、なぜか泥沼に入ってゆくのだ。そしてセスはどうしてこの老婦人がいい顔をしていないのかを考え、老いてゆくことが無用な存在になってゆくアメリカ社会と、それが重要な存在になってゆくエスキモー社会との違いを感じてゆく。

　ストーリーは、この老婦人をショッピングセンターで降ろした後、涙ぐましい努力であの少々飛んでいる二人の白人娘をタクシーの客として乗せることで進んでゆく。セスはガールフレンドが欲しかったのだ。この白人の娘がセスのことを振り向きもしないことがわかっていても、人間らしい言葉を交わしてみたかったのだ。その心の軌跡がセスのナイーブな感覚で語られてゆく。

しかし強い夏の日射《ひざ》しでよく見えなかったのか、乗り込んできた白人娘の一人は赤ん坊を抱えている。それればかりか、途中でボーイフレンドの家に立ち寄った二人は、わずかの間だがタクシードライバーのセスに赤ん坊のお守りを頼んでゆく。後部座席を振り返り、複雑な思いでその子をあやしていると、赤ん坊のひょんな動きから、娘の置いていったバッグの中の財布がこぼれ落ちてしまう。それを拾い上げようかセスが迷っている時、二人が戻ってくると、セスに思いもよらぬ嫌疑がかかるのである。その疑いが晴れた後も、気まずい空気の中でセスは二人を乗せてタクシーを運転してゆく。その途中、路上で酔いつぶれているエスキモーのわきを情けない思いで通り過ぎた後、あれは自分が子どもの頃に世話になったアンブラー村の知り合いではなかったかと気づいたりする。

セスのストーリーには、白人社会とのギャップと、変わりゆくエスキモー社会に対する悲しみが、どちらにも属することができない自分自身の想いの中で生き生きと描かれていた。原野で育った自分と、目まぐるしく変わる世界との間に、どうしてもブリッジがかけられないのである。かつてその橋を捨て、ある理想をもってこの土地に入植した両親と違い、アラスカも時代もセスと共に動いてはいなかったのだ。

毎年夏、アラスカ中の著名な作家がシトカの町に集まるフェスティバルがあった。約一週間にわたり、詩、散文、小説が人々の前で朗読されるのである。ある年、シト

ホッキョクイチゴ

ベアベリー（クマコケモモ）と地衣類。初霜がおりた。

霜が降りた朝、たった一日で季節が変わっていた……。

カのフェスティバルから帰ったシリアが言ったことを今でも覚えている。

「今年一番素晴らしかったのは、原野で育った若者が恥ずかしそうに読んだタクシードライバーの話だった」

この話には余談があり、帰りの船の中で偶然セスと話す機会を得たシリアは、彼の父親のハウイと遠い昔に出会っていることを知る。三十年前、ハウイは原野に生きる仲間と共にマッキンレー山に登っていて、その時氷河の上にフードドロップしたのがシリアとジニーだった。シリアはキャントナー家のことを深い尊敬を込めて思い出していた。

セスは白人のステイシーと今年(一九九五年)結婚した。二人は今、コッツビューで、セスはエスキモーの人々に野菜の栽培を教えながら、ステイシーは町の小さな図書館で、夏の一時期の仕事にたずさわっている。それが終われば、コバック川の原野の家に帰ってゆく。

九月のコバック川を下りながら、つい数日前、コッツビューの浜辺で暮らす二人のテントで過ごした夜のことを思い出していた。セスの言った言葉が忘れられなかったのだ。

「ミチオ、いつかコバック川の家を失うかもしれないな。国立公園のレインジャーが火をつけて燃やすことができる家のリストにずっと入っているんだ」

一九六〇年代における北極圏の油田発見は、アラスカはいったい誰の土地なのかとエスキモーやインディアンの先住民の人たちが立ち上がることにより、これまであやふやだったアラスカの土地所有権の問題に火をつけていった。それはゴールドラッシュなど比較にならぬほどこの土地の歴史の中で大きな出来事となり、アラスカは激動の時代に入っていった。十年近く揺れ動いた土地分割の末、アラスカの原野にはアメリカ合衆国、アラスカ州、先住民との間で見えない線が引かれてゆき、かつてのフロンティアは終わりを告げた。そしていつの間にかセスの生まれ育った原野の家は、地図上に新たに加えられた国立公園の境界線の中に入っていた。セスにとって国立公園ほど恐ろしい存在はなかったのだ。ぼくはコバック川を旅しながら、アラスカの大きな過渡期の渦に巻き込まれてゆくさまざまな人々の物語を聞いてゆきたいと思った。

さらに川を下り続けると、秋の旅で川を下ってゆくいくつかのカリブーの群れに出合った。冬を過ごす南の森林地帯へ向かっているのだ。ぼくの思いはまた雪解けの川の薄氷に立ち尽くすカリブーに戻っていた。なぜならセスもまた、時代という激流に巻き込まれながら、過去と未来という岸のはざまで立ち尽くしているような気がしたからだ。

残されたカリブーの肉をカケスがついばんでいる。

ると、北極海まで、荒涼としたツンドラが広がっている。

ブルックス山脈の秋。中央にそびえる「北極への門」と呼ばれる山々を越え

インディアンサマーの夕暮れのなか……。

新しい旅

ぼくは少しずつ新しい旅を始めていた。壮大なアラスカ北極圏に魅《ひ》かれ、ずっとカリブーを追い続けてきた自分の旅に、ひとつの終止符を打とうとしていた。

未踏の大自然……そう信じてきたこの土地の広がりが今は違って見えた。ひっそりと消えてゆこうとする人々を追いかけ、少し立ち止まってふり向いてもらい、その声に耳を傾けていると、風景はこれまでとは違う何かを語りだそうとしていることが感じられるようになった。人間が足を踏みいれたことがないと畏敬《いけい》をもって見おろしていた原野は、実はたくさんの人々が通り過ぎ、さまざまな物語に満ちていた。

第五章

冬

Winter

氷雪の世界

Earth of Ice and Snow

北極光(オーロラ)が舞う。その下にアラスカの大地が広がる。

冬の匂い

Scent of Winter

「もうそろそろだね、何だか匂いがするよ」

「あっという間にやって来るさ。いつだってこっちの気持ちの準備ができる前にね」

そう、アラスカの冬はいつもある日突然やって来る。

マイナス五〇度まで下がった朝の、キラキラと宝石のように輝く大気の美しさを想像できるだろうか。身も引き締まるような冷気に嗅《か》ぐ、まじり気のない透きとおった冬の匂い。心を浄化させてゆくような力を、この季節はもっているのかもしれない。

いつか友人が、この土地の暮らしについてこんなふうに言っていた。〝寒さが人の気持ちを暖かくする。遠く離れていることが、人と人の心を近づけるんだ〟と。

マイナス五〇度の寒気の中で、チュルチュルとさえずりながら、一羽のコガラが目の前を飛び去っていった姿を鮮烈に覚えている。わずか一〇センチほどのからだで、どうやって命の灯を燃やし続けることができるのだろう。厳しい季節の中で、ひたむきに生きているこの土地の生きものたちの姿がぼくは好きだ。寒さは、人間にさえ、生物としての緊張感を与えているような気がする。

　雪に閉じ込められた暮らしはどうだろう。太陽が沈まないアラスカの夏、人々はずっと忙しく働き続けてきた。夜のない暮らしは素晴らしかったけれど、夏の終わりには、人々はもう長い一日に疲れている。夜の暗さが無性に恋しいのだ。季節が秋から冬に移ってゆくにつれ、自然は人々の暮らしにブレーキをかけてゆく。まるで私たちの気持ちをわかってくれていたように。

「久しぶりだねえ、いい夏を過ごした?」

「週末に遊びにおいでよ、ゆっくりと夏の話でもしようじゃないか」

　夏の間、散り散りだった人々の暮らしが、少しずつ落ち着きを取り戻しながら日常へと返ってくる。冬は、人と人がゆっくりと話をする季節なのかもしれない。

　アラスカのめぐる季節。そしてその半分を占める、冬。だが、この冬があるからこそ、かすかな春の訪れに感謝し、あふれるような夏の光をしっかり受け止め、つかのまの美しい秋を惜しむことができる。

刻々とまるで生きもののように形を変えていくオーロラ。

針葉樹の森から舞いあがるオーロラは、典型的なアラスカの冬の風景だ。

を与えてくれる。そして極北に生きていることを確認させる。

朗蘭【ローラ】

これまでのオーロラの撮影で最も思い出深いのは、マッキンレー山の上に舞うオーロラを撮るために、厳冬期のアラスカ山脈に一カ月キャンプした時のことだろう。

マイナス四〇～五〇度の日が続く中でただひたすらオーロラを待った。マッキンレー山が姿を現す快晴の日とオーロラが出る日が重ならなければならない。そのうえ、山を浮かび上がらせるために月の光が必要で、それも半月《はんげつ》でなければだめだ。満月では明るすぎてオーロラを消してしまう。

一カ月待ち、たったの一日、願いが

アラスカの冬は暗く長い。オーロラはこの土地に暮らす人々に奇妙な安らぎ

かなった。その夜、オーロラは狂ったように全天を舞う。オーロラのエネルギーがピークに達した時、光は異常な明るさを放ち、それが雪面に反射し、一瞬まわりが昼間のような明るさになった。どうしていいかわからない恐怖感をもった。祈るようにシャッターを切る。大きな劇場の舞台を、たった一人の観客として見ているような気持ちだった。

一九八三年三月二日。今でも忘れない。この日、友人に赤ん坊が生まれたのだ。オーロラからとって、朗蘭《ローラ》と名づけたのが、ほほえましい思い出となった。

ラスカの冬の日々が過ぎていく。

オーロラの冷たい炎が極北の空を舞い、ブリザードが吹きすさぶなかで、ア

(いけい)され、そして畏怖(いふ)されてきた。

ホッキョクグマは、エスキモーの人々に「ナヌーク」と呼ばれ、昔から畏敬

いる。凍えまいと熱く生きている。

厳冬期のアラスカはマイナス50度の世界。そのなかで人も動物たちも生きて

新しい人々

Newcomers to Alaska

マイク一家

Family of Mike

毎年三月、日本の子どもたちをアラスカ山脈のルース氷河に連れてゆく旅を続けている。冬の氷河上でキャンプをしながら、寒さを肌で感じながら、できればオーロラを眺めてみたい、同じオーロラでも、フェアバンクスの町から見るのと、厳しい山の中でキャンプをしながらのそれとは違う体験である。ぼくたちが行こうとするルース氷河の源流は、四〇〇〇〜六〇〇〇メートルの高山に囲まれた岩と氷だけの無機質な世界で、夜、満天の星を見上げているだけで言葉を失う。地球とか、宇宙とか、人間とはいったい何なのかを、ルース氷河の夜はシーンとした静寂の中で問いかけてくる。それはきっと世代を超えて感じとれる体験にちがいない。ぼくたちはそんな時間を子どもたちと共有したかった。

今年（一九九四年）も十四人の子どもたちが日本からやって来た。マッキンレー山をのぞむタルキートナという村から、スキーをつけた小型飛行機でアラスカ山脈に入

地吹雪がやんだ……。

語は急速に消えつつある。

氷原で遊ぶエスキモーの子ども。子どもたちが話す言葉は英語。エスキモー

るのだ。しかし、この三月の天候は不順で、山の姿さえ見えない日々がずっと続いていた。限られた日程も押し迫り、ぼくたちはルース氷河を諦めて計画を変更しなければならなかった。自然が人間の行動を司るこの土地では、その場、その場で新しい状況に対応してゆかねばならない。

タルキートナでの待機も三日目となり、ブッシュパイロットのエリックが、髭《ひげ》もじゃのあごを撫《な》でながら一案を考えた。「タルキートナ山脈の方角の原野に、二年前から移り住んでいる家族がいる。カリブーロッジという山小屋を経営してる人だが、客は誰もいないはずだ。えーと、去年一年間の客は三人だったと言ってたからな。でも、いい家族なんだ。そこへ子どもたちを連れていってみないか？　ルース氷河のような高山ではないから、多少天候が悪くても着陸できる。すぐ無線で連絡をとってみるか……」

私たちは大急ぎで荷物のパッキングをし、雪空のわずかな晴れ間をぬって四機のセスナで飛び発《た》った。きっといい体験が待っている……窓に顔をつけ、わずかに陽《ひ》を浴び始めた冬の原野を見おろしながらそう思った。

セスナが大きく山を回り込むと、雪原に点のように浮かぶ家が見えてきた。急いで踏み固められたらしい深雪に、セスナははまりそうになりながらもなんとか着陸した。

マウント・ハンティントン。頂上まで一気に延びる稜線が美しい山だ。

呆然《ぼうぜん》とした表情の親子三人が凍結した湖上に立っている。もう何カ月も人を見ない生活から、突然十四人の子どもたち（スタッフを含めると二十一人）が現れたのだ。

まったく人気《ひとけ》のない、なだらかな雪の原野がどこまでも続いている。ルース氷河のような高山の厳しさはないが、どこかで共通した世界である。唯一の違いは、ここに親子三人が暮らしているということだ。

父親のマイク、母親のリン、そして十一歳の息子エレン。木訥《ぼくとつ》なこの家族がぼくたちはすぐに好きになった。それにしても子どもとは何と不思議な生きものなのだろう。

にはシーンとした宇宙の気配がある。

岩と氷の巨大な針峰ムーストゥース（ムースの歯）。何もないかわりに、そこ

ドールシープ。厳冬期、えさを探しながら雪を掘る群れ。

言葉さえ通じないのに、エレンと子どもたちはすでに雪の中で遊び回っている。当初の予定通り、山小屋には泊まらず、見晴らしのよい雪の稜線《りょうせん》にテントを設営した。

電気も通じないカリフォルニアの田舎で育ったマイクとリンは、結婚をしてモンタナの山の中に移り、伐採の森の跡を片づける仕事に長い間従事していた。それは本当に大変な仕事だったらしい。エレンは、五歳の時から両親と共に朝五時に起き一日中その仕事を手伝ったという。まだ少年のエレンがふと見せる、相手をしっかりと見つめる大人びたまなざしが、普通の子ども時代を送ってはいないことを語っていた。いつの日かアラスカに渡る夢をもち続けたマイクは、二年前、タルキートナの山中に売りにでている廃屋があることを聞く。そして遠いモンタナからやってきて、一人でこの原野に立った時、すべてのものを売り払って家族でアラスカに移り住むことをわずか一時間で決めたという。

原野の暮らしに憧《あこが》れてやってくるさまざまな人々、しかし、その多くは挫折するか、わずかな期間の体験に満足してやがて帰ってしまう。この土地の自然は、歳月の中で、いつしか人間を選んでゆく。問われているものは、屈強な精神でも、肉体でも、そして高い理想でもなく、ある種の素朴さのような気がする。この家族はきっと大丈夫だろう。

ぼくたちは雪の中でのキャンプ生活をしながら、この家族と共にも過ごすことにした。テントと山小屋は、〇〇メートルも離れていない。子どもたちがやらなければならないキャンプ生活でのさまざまな仕事……雪を溶かして水をつくること、薪《まき》割り、炊事……それにマイク一家の生活を手伝うことも加えた。原野の暮らしは家族が力を合わせて働かなければならない。毎日湖の氷を割って丘の上の家まで水を運ぶ十一歳のエレン。その仕事を手伝いながら、日本の子どもたちは何を感じただろう。

「ニーズ（needs 本当に必要なもの）とディザィア（desire 欲しいもの）はずいぶん離れているものだと思う……」

父親のマイクがふともらした言葉が心に残った。ディザィアの海の中で暮らすぼくたちにとって、この家族の日々そのものが新鮮だった。

ある朝、こんなことがあった。キッチンを借りて朝食を作っている時、ぼくはガスの火をつけたまま何度もフライパンをレンジから外していた。それをわきでじっと見ていたエレンは、もう耐えられなくなったかのように、フライパンを外すたびにスイッチを切ってしまう。火をつけっぱなしにしていたとはいえ、わずか四〜五秒のことである。が、ぼくはハッとした。それは父親が原野まで運び、エレンが担いでもちあげた大切なプロパンガスだったのだ。

天気が好転する兆しはなかったが、エレンをリーダーにして、山へクロスカントリーツアーに出かけたり、雪の中で火をおこすサバイバルゲームをしたり、子どもたちとマイク一家は家族のようなつながりをもち始めていた。夜になると、マイクは子どもたちに原野の暮らしのさまざまなエピソードを話してくれた。そして彼らもたくさんの質問をした。

「こんなに人里離れた所で淋《さび》しくないのですか?」

「エレンの学校はどうしているの?」

キーは冬の行動域を広げてくれる。

雪原を駆ける。ときには森の中をゆっくりと板を滑らせながら歩く……。ス

「もっと便利な暮らしをしたいとは思いませんか？」

子どもたちにとって、マイク一家の存在そのものがショックだったのだろう。そして同じような年頃のエレンを通して、よけいに自分自身と重ね合わせることができるのかもしれない。

ある時、ぼくはエレンにこんな質問をした。

「アラスカに移ってからの二年間で、一番びっくりしたことは何？」

「そうだなあ……うん、二つある。ひとつは、去年の夏、家のすぐ前でグリズリーに出合ったこと。じっと家の中をのぞいていたんだ……もうひとつはね、四日前、みんながここにやってきたことだよ」

ぼくたちが帰る前日から、エレンは急にだまりこくってしまった。あれほど皆とはしゃいでいたのに、疲れてしまったのか、ぼくたちが去ってしまう淋しさなのか、それとも日本の子どもたちとのあまりのギャップにショックを感じたからなのだろうか。

決して裕福ではないこの家族が与えてくれた精いっぱいの温かいもてなしを、子どもたちは忘れないだろう。これからマイク一家がどんな物語をアラスカでつくりあげてゆくのか、そしていつかエレンが青年となり、原野の暮らしを出て、どんなふうに世界と関わってゆくのかをぼくは見てゆきたいと思った。

薪ストーブに火を入れた。パチパチとアラスカの冬の暮らしの音がする。

出発の朝、マイクに心ばかりの謝礼を払い、子どもたちをガイドしてくれたエレンにもわずかな小づかいを渡した。エレンはそのお金をポケットにしまってから、何度も手を入れては握りしめていたらしい。

さまざまな人間が、それぞれの物語をもち、ある日アラスカにやってくる。ぼくたちはオーロラを見ることはできなかったが、これからアラスカの原野で生きてゆこうとするたくましいひとつの家族に出会うことができた。それは子どもたちの心の中に、オーロラに負けないくらいの不思議さと輝きを残してくれたような気がする。

しまった。アラスカでも、生息地と森林伐採の問題が起きている。

ハクトウワシは、かつては北米大陸のほぼ全域に生息していたが、激減して

雪、たくさんの言葉

一人のエスキモーの老人がこんなことを言ったという。

「わしらは自分たちの暮らしのことを自分たちの言葉で語りたい。英語ではどうしても気持ちをうまく伝えられん。英語ではSNOWでも、わしらにはたくさんの雪がある。同じ雪でも、さまざまな雪の言葉を使いたい」

この言葉が妙に心に残っている。暮らしの中から生まれ出た、言葉のもつ多様性。アラスカの冬を、雪の世界を、彼らの言葉を通して旅してみたい。ひとつひとつの雪の言葉に隠された、命の綾をたどってみたい。

アニュイ（ANNUI、降りしきる雪）……
　ホーホーホー　冬が来た
アピ（API、地面に積もった雪）……
　足あと　オオカミの足あとだ
クウェリ（QALI、木の枝に積もる雪）……
　おれは　森で　ディニーガ（ムース）を追う

ウプスィック（UPSIK、風に固められた雪）……
おれは　アナクトプクパスの山を越え　どこまでも旅をする
スィクォクトアック（SIQOQTOAQ、太陽にあたためられた雪）……
カリブーが　ガシガックの谷を　北へ向かっていった
プカック（PUKAK、雪崩をひきおこす雪）……
ホーホーホー　春が近い
たくさんの　たくさんの　おれたちの雪の言葉

ベニヒワ

話の中で、この世に光をもたらし、あらゆるものを創造したとされている。

ワタリガラス。どこにでもいる鳥だが、エスキモーやインディアンの創世神

アラスカ全図
ロシア
カナダ
アメリカ合衆国
A
B
▲ローガン山
5959
ハクトウワシの保護地
フォスター山 2172
チルカット川
スカグウェー
ヘインズ
フェアウェザー山
4663
ジュノー大氷原
カナダ
グレーシャーベイ国立公園
ジュノー
コースト山脈
チチャゴフ島
アドミラルティ島
ラッツ山
3136
シトカ
バラノフ島
ピーターズバーグ
クーエ島
夏、無数の島々の浮かぶ内海にたくさんのザトウクジラが回遊してくる。
プリンス・オブ・ウェールズ島
リビラジケト島
ケチカン
N
0
100km

拡大図 **B**【南東アラスカ】

北極海
北極圏野生生物保護地
コンガクット川
コルビル川
ポイント・ホープ
ケープトンプソン
アークティックビレッジ
北極圏
チュコト海
シソーリック
ブルックス山脈
オールドクロー
アンフラー
コッツビュー
コバック
シーンジェック川
ポーキュパイン川
シシュマレフ
コバック川
アラスカ
フェアバンクス
デナリ国立公園
ユーコン川
ワンダー湖
デナリ山
(マッキンレー山)▲6194
ルース氷河
タルキートナ
アラスカ山脈
アンカレジ
マクニール川
▲カトマイ山
2047
アラスカ湾
カトマイ国立公園
アラスカ半島
N
0
300km

拡大図 A

早春のフェアバンクスにて想う

夫星野道夫は、手紙のやりとりをとても大切にしていました。撮影のキャンプ中、天候の悪いときや夜には、ランタンの明かりのもとで、原稿や手紙を書いたり、本を読んだりして過ごしていました。そしてキャンプから戻ると、留守中にたまっていた友人たちや読者の方からの手紙を、お風呂につかりながらゆっくりと読むことをとても楽しみにしていました。家で過ごしているときも、少しの時間を見つけては、よく手紙を書いていました。

夫が亡くなった後、何人かの友人から、夫が書いた手紙を見せてもらいました。そこには、アラスカでの暮らしや季節の様子、撮影の話などが書かれていて、行間から、友人を想う気持ちがさりげなく温かく伝わってきました。これらの手紙のやりとりで、友人たちから届く手紙に、夫はどれほど励まされ、勇気づけられ、支えられていたことでしょう。

郵便物は友人の家に届くのですが、郵便を取りにゆくとき、夫と私のどちら宛の手紙が多いかをよく競争し（ほとんど夫のほうが多かったのですが）、希に私のほうが多いと、「負けたー」と言って笑い合っていました。

　夫と出会う前まで、私がもっていたアラスカのイメージは、一年中雪と氷に閉ざされた白い世界で、生命など寄せつけないところというものでしたが、夫の話から、はっきりと四季があり、生命に満ち溢れていることを知りました。そして、フィールドから届く便りには、春に南からやってくる渡り鳥のこと、夜もランタンなしで手紙をかける白夜の様子や、庭で咲いたワスレナグサのことなどが綴られていました。私は日本のあわただしい日常の暮らしの中で、まだ見ぬアラスカの、移りゆく季節の様子を思いめぐらしていました。

　夫の仕事に対する想いを知ったのも手紙からでした。

「僕の場合、写真を撮っていくことと、文章を書いていくこと、この両方をやってゆかなければなりません。と言うより、やってゆきたいと思っています。テーマは人間と自然です。あまりに大きなテーマで、一生を賭けなければなりません。たまたま僕はアラスカという場所を選びましたが、本を読んでくれる人が日本人でも、そこから何かを感じ、自分自身の問題として考えてくれるような、そんな仕事をしてゆくのが夢です。別な言い方をすると、自分の仕事を通して、誰か一人でも励ますことができたらいいなと思ってます。なぜかと言うと、自分自身がそうだからです。例えば、本を読んだり、映画を見たり、音楽を聞いたりした時、それが本当にいいものだったら、そのあと元気がでてきたり、よし、がんばって生きていこうと思ったり、勇気を与えられたりすることがあるでしょう。それと同じことです。僕自身がそういう経験がたくさんあるものだから、自分がそんなことができたらいいなと願うのです」

先日、ある写真展の会場でゆっくりと写真を見ていた一人の女性が、こちらに来て話しかけてくれました。彼女は数年前にご主人を病気で亡くし、それ以来、自分のしてきたことが正しかったのか、ずっと悩んでいたとのことでした。「今日写真をゆっくりと見、写真の傍らに添えられている短い文章を読んで〝それでよかったんだよ〟と言ってもらった気がしました」と涙を浮かべながら話していました。

写真集やエッセイ集を見て、「元気をもらいました」「自分の身近にある自然のことで、自分のできることから何か始めたいと思います」

テントを張り、撮影のためのベースキャンプを設営する。

という手紙も時々私の元に届きます。夫の仕事への想いは、写真を見、文章を読んだ方々一人一人にそれぞれのメッセージとして届いていることを感じ、夫に報告してあげたい気持ちでいっぱいです。

息子翔馬《しょうま》が生まれたとき、夫はホッキョクグマの撮影のため、カナダのハドソン湾へ行っていました。息子誕生の知らせを無線で受けた夫は、撮影の予定を短縮し、日本に帰国しました。「飛行機に乗っている時間がこんなに長く感じたのは初めてだった。飛行機の中でも、（気持ちは）走っていたよ」と満面の笑みで病院へ駆けつけてくれました。生まれて数日の息子をぎこちなく抱き、顔を近づけている姿は、まるで親子グマのようで、思わず微笑んでしまいました。「生まれるまでは言えなかったけれど、男の子が生まれてほんとうによかった」と話していた言葉が心に残っています。大きくなったら、息子とフィールドを一緒に歩くことを、長い間夢見ていたのでしょう。

撮影から帰ると開口一番「あっ、また翔馬の顔が変わった！」と日々

息子翔馬とともに。
山梨県八ヶ岳にて。
1996年。

の成長をとても楽しみにしていました。撮影行のあい間家にいるときは、息子と遊んだり、ごはんを食べさせたり、お風呂に入れたりと、一緒に過ごす時間をつくり、その時間を大切にしていました。息子と遊んでいる様子はとても楽しそうで、夫のすることで翔馬が笑うと、「ほら見て。こうすると笑うよ」と、その遊びを何度も繰り返し、どちらが遊んでもらっているのかと思えるほど、心から楽しんでいました。

息子が生まれ、父親になったことを著書で書いてある箇所があります。

あわただしく過ぎ去ったこの一年を振り返ると、やはり子どもの存在は大きかった。アラスカの自然に憧れ、この土地に移り住み、根なし草のように旅をしてきた自分が、家庭をもち、父親になった。それは家を建て、アラスカに根をおろしていった時と同じように、まわりの風景を少しずつ変えている。うまく言葉に言い表せないが、たとえば木々や草花そして風やオーロラのなかにさえ、自分の子どもの生命を感じているということだろうか。同じ場所に立っていて

一緒に撮影旅行に出かけたときの1枚。ハント・リバーにて。1993年。

も、さまざまな人間が、それぞれの人生を通して別の風景を見ているのかもしれない。

〈「はじめての冬」長い旅の途上〉

この文章を読むたびにある光景が蘇ります。それは、夫がまだ歩けない息子を抱いて庭に連れ出し、ベランダのテーブルの上に座らせ、自分はそばの椅子に腰かけ、一緒に鳥のさえずりや、木々の間を通り抜けてゆく風の音に耳を傾けたり、ベランダにやってくるリスを眺めていた姿です。きっとかけがえのない生命の誕生で、今まで見ていた風景や動物たちを、別の思いでも見るようになり、より深い視線で捉え始めていたのではないでしょうか。

今アラスカは長い冬が終わり、日照時間も延び、雪も解け始めています。気温はまだ氷点下ですが、日差しからは春の訪れを感じ、生きていく希望に満たされます。

二〇〇四年三月

アラスカにて　星野直子

アラスカ人物群像

旅の途上で出会った人たち

●星野道夫がアラスカを旅する中で出会い、作品にもたびたび登場する人たちの解説です。
●名前の下に付した数字は、本書でその人物が登場するページです。
●アラスカ先住民の呼称は、本文に倣いました。

……便利で、快適な生活を離れ、原野に生きてゆく人々。さまざまな問題を抱えながら、急速に近代化してゆくエスキモー、インディアン……その中で人々がどんな選択をしてゆくのか、自分の目で見てゆきたいです。これまで出会った人々がどんな地図を描いて生きてゆくのか、やはり知りたいと思います。それはどこかで自分と無縁ではないからです。――〈「新しい旅」旅をする木〉

■アル・スティーブンス――

星野道夫がアラスカに移り住んで、初めて友だちになったアサバスカンインディアン。アラスカ大学入学時（一九七八年）に出会い、長年にわたり、親しくつきあった。大学は中退し、その後フェアバンクスにあるタナナチーフ・インディアン協会のカウンセラーになり、アルコール中毒、教育、社会福祉など、現在、アラスカの先住民が抱えている問題に関わっている。「アルの結婚式」〈アラスカ 風のような物語〉や「思い出の結婚式」〈ノーザンライツ〉の中で、アラスカの大きな過渡期の渦に巻き込まれながら、さまざまな困難に立ち向かうアルの姿が語られている。

……一八九〇年代のゴールドラッシュから久しく忘れられていたこの土地は、油田開発の中で、再び発見される時代に入った。極北のインディアンの生活も大きく変わろうとしている。アルとの十年間のつき合いの中で、ぼくはこの、時代の匂いのようなものをアルを通して嗅いでいた気がする。逃げ場のない、発見される側から嗅ぐ匂い。ぼくがアルに魅かれるのは、そんな時代の風の中で、抵抗するでも迎合するでもなく、いつもひょうひょうとしたインディアンのアルが立っていたからかもしれない。アラスカの旅の中で、アルはいつもぼくの見知らぬ世界の入り口に立っていて、その中を見たければいつでも扉を開けてくれた。

〈「アルの結婚式」アラスカ 風のような物語〉

■ビル・フラー

アメリカ大陸を転々とし、さまざまな経験を重ねた後、最後にフェアバンクスに根をおろし、一九七九年頃、星野と知り合った。「生まれもった川」〈旅をする木〉の中で、彼の多彩な人生や水道もない小さな家での暮らしぶり、彼に魅かれる星野の思いなどが語られている。六十歳代後半に日本を訪れ、北海道から九州まで自転車で縦断した経験もある。

……何を話す目的がなくとも、今年七十五歳になるビルにぼくは時々ふっと会いたくなった。人間とは生きていくうえで時々励ましを必要とする生きものなら、ぼくは確実にその力をビルからもらっていた。ああそうか、やっぱりこうでいいんだよな……何かにつまずいたとき、ビルの顔を見るだけでそんな気持ちになれた。

〈「生まれもった川」旅をする木〉

■**パット・マコーミック一家**

母親と四人の子どもでアラスカにやってきた家族。父親はすでに亡くなっていた。一九七九年春、娘を殺人事件で失うという不幸な出来事に遭い、その事件の二カ月後、残された五人は、マサチューセッツ州からアラスカにやってきた。一年の滞在のはずが十年になった……。星野は、「マコーミック家の人々」〈アラスカ　風のような物語〉、「ある家族の旅」〈旅をする木〉、「死の痛みを癒すアラスカの大自然」〈星野道夫著作集5〉で、この家族の、特に娘を奪われた母親パットの十年余の心の軌跡、そして新たな旅立ちを、親友の山での遭難死を経験した自分自身の思いを投影させながら語っている。

■**ドン・ロス**

ブッシュパイロット。北極圏の空を一緒に飛びまわった星野道夫のベストパートナー。アラスカの自然に対する思いを共有できる友でもあった。初めての出会いは、一九八一年か八二年頃と思われる。現在は飛んでいない。

……この十年、ドンはいつも最良のパートナーだった。それは彼が信頼できるパイロットであるだけでなく、何よりも自分と同じような気持ちで、アラスカの自然を見つめていたからかもしれない。

かつてアメリカ空軍の優れたパイロットであった彼の過去は、ボヘミアンのように生きるいまの姿から想像することは難しい。なぜその地位を捨て、アラスカの原野を飛ぶ一介のブッシュパイロットになったのか、ぼくはあまり知らない。いまは冬になると、かねてからの夢を実現させ、アフリカの難民キャンプに物資を運ぶ飛行を続けている。

ぼくはドンが好きだった。どこかひとつの人生を降りてしまった者がもつ、ある優しさがあった。ぼくたちはほんとうにたくさんの風景を一緒に見てきたものだった。
〈「白夜」旅をする木〉

［ブッシュパイロット］

小型飛行機で飛行場のない場所へ人や物資を運ぶパイロット。アラスカでは定期航路が発達したいまもブッシュパイロットが登山客、観光客などを希望する場所へ運んでいる。

■ケニス・ヌコン

ユーコン川の支流沿いで、一人丸太小屋に住み、昔ながらの原野の暮らしをおくるアサバスカンインディアン。ある秋（一九八六年頃。初めての出会いは、この五年前）、ブッシュパイロットのドン・ロスとともにケニスを訪ねたときのことを「ケニス・ヌコンの思い出」〈アラスカ風のような物語〉に書いている。

……おそらくケニスは、昔ながらの暮らしを守る最後のインディアンだろう。カリブーの群れは秋の季節移動でケニスの生きる原野を通り過ぎてゆく。油田開発はそのカリブーの将来にどんな影響を与えてゆくのだろう。そしてケニスはそんなことを知る由もない。時代の渦は、カリブーに依存するこの一人のインディアンの暮らしなど、気づくまもないまま押し流してゆくだろう。
〈「カリブーの旅を追って」アラスカ 風のような物語〉

■ボブ・ユール

ベーリング海に突き出たシソーリックという半島の海岸で、エスキモーの妻キャリーとともに、

ベース・キャンプ近くに着陸したセスナ。

夏の間魚を捕りながら暮らしている白人。エスキモーの生活が急速に白人文化に移行する中で、なぜ一人の白人がかたくななまでにエスキモーの文化を守っているのか、星野はそれを聞きたいと、一九八五年夏、シソーリックに出かけ、ボブの家で四日間を過ごした。そのときの話を、「エスキモーになったボブ・ユール」〈アラスカ風のような物語〉、「エデンを求めた男」〈星野道夫著作集5〉に書いている。

網にかかった魚を捕るボブ。シソーリックの浜辺にて。

……もし人種というものが眼や肌の色ではなく、その固有の文化をどれだけ持ち続けているかによって決められるものならば、ボブ・ユールはエスキモーでしょう。

〈「エデンを求めた男」星野道夫著作集5〉

ドン・ウィリアムス

白人世界の価値観を捨て、古くからのエスキモーの暮らしを選び、コバック川流域に移り住んだ白人。後にエスキモーの女性と結婚し、アンブラー村に住むようになる。同時期にコバック川流域にやってきた仲間たちがさまざまな理由で原野の暮らしから去った後も、この地に残った。

キース・ジョーンズ一家 P.22

ハウイ・キャントナー一家 P.23・140

ドン・ウィリアムスと同じころにコバック川流域に入り、原野の生活を始めた白人の家族。伝統的なエスキモーの狩猟生活を受け継ぎながら二十数年間暮らした。時が流れ、それぞれの事情から、キース一家はカリフォルニアの山の中に、ハウイ一家はハワイへと移住したが、アラスカと変わらずシンプルな暮らしをしている。

星野は、カリブーの秋の季節移動を追うコバック川の旅で、前出のドンを含めたこれらの家族と知り合い（一九八五年頃）、その後、コバック川の旅を終えると彼らを訪ねるようになった。

カリフォルニアから戻ったキースの娘ウイローと、家族と離れ、一人原野に残ることを選択したハウイの息子セスを、星野は、アラスカの現在から未来に繋がる存在として見ていた。

■キャサリン・アトラ――
アラスカ北極圏コユコック川流域のアサバスカンインディアン。父親はこの地域の最後のシャーマンだった。伝統的な狩猟生活を大切にしている。『MOOSE』〈平凡社〉の発刊に際し、「私たちの暮らしは狩猟によって支えられています。森や動物を粗末に扱えば、それはだんだん枯れてきて、私たちが生きていくことが困難になってきます。ミチオの仕事は私たちと森や動物が連綿とつながっていることを伝えてくれると思います」の言葉を寄せている。

キャサリン一家のムースの狩りに同行（一九八六年、翌年も同行）したとき、そしてその後のポトラッチに参加したときの話を、「ポトラッチ」〈アラスカ 風のような物語〉や「ブルーベリーの枝を折ってはいけない」〈イニュニック〉に書いている。

【ポトラッチ】　北米の先住民の祝宴で、誕生、結婚、葬式など、さまざまな機会

ポトラッチで歌い、踊る若者たち。

に行われる。ポトラッチを主催する家族が、年寄り（エルダー）を中心に、村人や他村の人など多くの人を招いてごちそうを振る舞い、歌い、踊る。

■ウォルター・ニューマン

アサバスカンインディアン。アラスカ北極圏で、最もカリブーの狩猟に依存する地域にあるアークティック村に住んでいたが、現在はフェアバンクスとの間を行き来している。最初の出会いは、星野がアラスカに移り住んだ年に知り合った鳥類学者デイブ・スワンソンを通して（おそらく一九八〇年代中頃）だった。ウォルターは、自分たちの民族の歴史に強い関心があり、極北の先住民によってつくられた古い狩猟法「カリブーフェンス」にも興味をもっていた。星野とウォルターは、北極圏の山の中に朽ち果て、消えようとするカリブーフェンスを見つけ、記録しようと計画していた。

【カリブーフェンス】　山の斜面や谷に、カリブーの季節移動のルートを想定して、巨大なV字状のフェンス（柵）を作り、その中にカリブーを自然に追い込み、槍や弓、あるいは罠で射止める狩猟法。星野は、一九八七年、「カリブーフェンス」と題した研究報告書を書いている。

■シリア・ハンター ―― P.30・59・68・158
ジニー・ウッド ―― P.30・59・68

元米空軍の女性パイロット。一九四七年、アラスカに古い小型飛行機を運ぶ仕事があり、その飛行機をアメリカ本土から操縦して、フェアバンクスにやってきた。そのまま二人はアラスカに定住し、ブッシュパイロットの草分けのような形で活躍した。その後マッキンレー山の麓に〝キャンプ・デナリ〟を建てた。二人は、核実験計画に反対の声をあげる、先住民の権利のために闘う、環境保護の運動をするなど、戦後のアラスカ史にさまざまな形で関わってきた。

星野は、アラスカのパイオニア時代を生き抜いたこの二人から多くの話を聞き、生涯親しくつきあった。彼女たちは、星野の本の中にも何度も登場している。一九九八年に二人そろって来日した。シリアは二〇〇一年に没した。

かつてビルが住んでいたフェアバンクスの丸太小屋。

■ビル・プルーイット

アラスカ大学のフィールド生物学者。シリアやジニーとともに、アラスカの核実験場化計画に反対の声をあげた。闘いは勝利したが、ビルはアラスカ大学を追われ、やがてアメリカを去り、カナダへ移住した。一九九四年十一月、星野は、マニトバ大学の動物学部の教授になっていたビルを訪ねている。

ビルが若いときに書いた"Animals of the North"（極北の動物史）は星野の長年の愛読書だった。星野は、この本について「生物学の本というより、アラスカの自然を詩のように書き上げた名作」「ぼくは宝物のように大切にしていた」とくり返し書いている。

ビルの著書"Animals of the North"

■ボブ・サム P.116

一九九五年に南東アラスカの町シトカで出会

った、クリンギットインディアン。クリンギット族の神話の語り部。『森と氷河と鯨』〈世界文化社〉の主人公ともいえる人物で、星野は、アラスカの先住民の神話を求めて、クィーンシャーロット島やジュノー大氷原を何度かボブと一緒に旅した。一九九八年以降数回来日し、ワタリガラスの神話を語っている。

エスター・シェイ——P.100
ウィリー・ジャクソン——P.100

南東アラスカの町ケチカンの郊外に住むクリンギットインディアンの親子。星野は、神話を探る旅（一九九六年）の中でこの親子に出会い、彼らの話に耳を傾けた。エスターは自分の人生を懸けて、消えようとしているクリンギットインディアンの文化を、次の世代に残そうとしていた。二〇〇三年に没した。

エスターの息子ウィリーは、ベトナム帰還兵で、かつて自殺を図ったほど心を病んだ時期があったが、いまは、クリンギットインディアンの現実的支柱のひとりとして、同胞の若者たちの力になっている。二〇〇〇年十二月、ボブや母親のエスターらとともに来日している。

エイモス——P.38

アラスカ北極圏のエスキモーの村ポイントホープにすむクジラ漁のハンター。本書に収録の「クジラと共に生きる若きエスキモー」には、星野が一九九六年に訪ねたときのことが書かれている。星野が初めてポイントホープ村を訪ね、クジラ漁に参加したのは一九八二年。

エイモス、アル・スティーブンス、ウィリー・ジャクソン、ボブ・サム。星野は、この四人の友人たちの存在を、アラスカ先住民社会の「新しい力」と感じていた。

「アラスカのさまざまな村で、新しい時代に希望を託す次の世代が確実に生まれている」〈「クジラと共に生きる若きエスキモー」〉

星野道夫のエッセイと写真キャプションの出典は以下の通り。

●一部、抜粋・改題したものもある。
●表記は原則として、原本通りにした。

『グリズリー』(平凡社・一九八五年)
『MOOSE』(平凡社・一九八八年)
『アラスカ 極北・生命の地図』(朝日新聞社・一九九〇年)
『イニュニック[生命]』(新潮社・一九九三年)
『アークティック・オデッセイ』(新潮社・一九九四年)
『アラスカ 光と風』(福音館書店・一九九五年)
『旅をする木』(文藝春秋・一九九五年)
『森と氷河と鯨』(世界文化社・一九九六年)
『ノーザンライツ』(新潮社・一九九七年)
『長い旅の途上』(文藝春秋・一九九九年)
『星野道夫著作集5』(新潮社・二〇〇三年)

協力　星野直子
ブックデザイン　鶴貝好弘
　大田垣良子
　(コードデザインスタジオ)
地図製作　蓬生雄司
製版　小保方光男(凸版印刷)
校閲　江畠令子
編集　大塚和子
　庄野三穂子(小学館)

本書のプロフィール

本書は、星野道夫の一九八一〜一九九六年の発表作品とエッセイを、新たに編み直し構成した文庫オリジナルです。

小学館文庫

ぼくの出《で》会《あ》ったアラスカ

著者　星野道夫《ほしのみちお》

二〇〇四年六月一日　初版第一刷発行
二〇二三年五月二十三日　第三刷発行

発行人　下山明子
発行所　株式会社 小学館
〒一〇一-八〇〇一
東京都千代田区一ツ橋二-三-一
電話　編集〇三-三二三〇-五一一二
　　　販売〇三-五二八一-三五五五
印刷所――――凸版印刷株式会社

この文庫の詳しい内容はインターネットで24時間ご覧になれます。
小学館公式ホームページ　https://www.shogakukan.co.jp

ISBN4-09-411193-X